颜晓峰 主编
李冉 著

「中国式现代化研究」丛书

大国新路

中国式现代化的中国特色

浙江人民出版社

图书在版编目（CIP）数据

大国新路：中国式现代化的中国特色 / 李冉著；颜晓峰主编． — 杭州：浙江人民出版社，2024.5
ISBN 978-7-213-11421-2

Ⅰ．①大… Ⅱ．①李… ②颜… Ⅲ．①中国特色社会主义-社会主义建设模式-研究 Ⅳ．①D616

中国国家版本馆CIP数据核字(2024)第061309号

大国新路
——中国式现代化的中国特色

李 冉 著　颜晓峰 主编

出版发行	浙江人民出版社（杭州市环城北路177号　邮编　310006）市场部电话：(0571)85061682　85176516
责任编辑	申屠增群　张 伟
责任校对	杨 帆
责任印务	程 琳
封面设计	异一设计
电脑制版	杭州兴邦电子印务有限公司
印　　刷	浙江新华数码印务有限公司
开　　本	710毫米×1000毫米　1/16
印　　张	15.75
字　　数	190千字
版　　次	2024年5月第1版
印　　次	2024年5月第1次印刷
书　　号	ISBN 978-7-213-11421-2
定　　价	48.00元

如发现印装质量问题，影响阅读，请与市场部联系调换。

前　言

习近平总书记在党的二十大报告中深刻指出："中国式现代化，是中国共产党领导的社会主义现代化，既有各国现代化的共同特征，更有基于自己国情的中国特色。"实现现代化是世界各国的共同追求，也是近代以来中国人民和中华民族深沉的梦想。一代代中国共产党人接续奋斗，促使中国式现代化在没有脱离历史前进潮流和人类发展大势、保留了各国现代化共同特征的同时，也通过自主探索和实践形成了鲜明的中国特色，形成了一条"大国新路"。

何谓中国式现代化的中国特色？中国式现代化是人口规模巨大的现代化，不同于几十万人、几百万人、几千万人的现代化；中国式现代化是全体人民共同富裕的现代化，不同于贫富两极分化、发展成果由少数人占有的现代化；中国式现代化是物质文明和精神文明相协调的现代化，不同于物质富足、精神贫瘠的"物质主义膨胀式"现代化；中国式现代化是人与自然和谐共生的现代化，不同于以牺牲环境为发展经济的代价、"先污染、后治理"的现代化；中国式现代化是走和平发展道路的现代化，不同于走"国强必霸"老路、对外扩张掠夺的现代化。一言以蔽之，中国式现代化不是依赖别国的力量、照搬别国的发展模式、跟在别国后面亦步亦趋的现代化，而是切实从本国的历史条件、现实国情和天然禀赋出发，找到最适合自己的正确发展道路的现代化，这便构成了"中国特色"这一关键词最核心的内涵。可以说，把握住了中国特色，就找到了理解中国式现代化理论的"指南针",也握紧了推动中国式现代化实践的"方向舵"。

"如果没有中华五千年文明,哪里有什么中国特色?"中国式现代化道路开辟于中华文明深厚的历史积淀之上,我们决不依附于西方现代化的文明基因,而是应用中华优秀传统文化这一宝贵资源推动理论和实践创新。就这五个中国特色来说,分别可以将其看作是天下为公、民为邦本、厚德载物、天人合一、协同万邦等中华文明资源的鲜活体现。毫无疑问,中国式现代化是马克思主义基本原理同中国具体实际相结合、同中华优秀传统文化相结合的光辉典范,通过对这五个中国特色的诠释,我们可以进一步认识到中华优秀传统文化何以融入中国式现代化理论和制度创新的广阔天地,赋予后者以丰厚的文化资源和强大的精神底蕴。

中国式现代化的中国特色,正在展现出日益鲜明的世界意义。作为对现代化进程特征的思考,五个中国特色牢牢扎根于中国大地,紧密切合了中国实际,深刻体现了社会主义原则,充分诠释了"世界上既不存在定于一尊的现代化模式,也不存在放之四海而皆准的现代化标准"这一真谛。这不仅标志着我们党对现代化的认识达到了一个新的高度,同时也打破了长期延续的"现代化=西方化"这一迷思,诠释了一个国家和民族能够在不断加快发展的同时确保自身的主体独立性,进而向世人呈现出一幅全新的现代化图景,尤其是为发展中国家拓宽了实现现代化的路径选择。

回顾历史可知,中国式现代化与中国特色社会主义之间呈现出一体化推进、一体化拓展的行动逻辑。中国式现代化的中国特色,恰恰也成为中国特色社会主义科学内涵的生动写照,不断彰显着中国特色社会主义道路自信、理论自信、制度自信、文化自信。立足于新时代新征程,中国特色社会主义道路必将越走越宽广,中国式现代化也必将被推向新的阶段和新的高度。在持续推进人类社会现代化进程、不断发展人类文明新形态的历史任务之下,坚持好一般性与特殊性相统一的原则,扎实开展中国式现代化理论研究,系统把握中国式现代化的中国特色,深入体悟这样的中国特色在世界现代化版图中的重要地位,无疑是当前每一位理论工作者和社会主义建设者所应当担负的使命和责任。

目 录

第一章　中国式现代化是人口规模巨大的现代化⋯⋯⋯⋯ 001

实现十四亿多人口整体迈进现代化社会，是人类历史上前所未有的壮举，推进中国式现代化必须立足人口规模巨大这一显著特征，用好人力资源优势和人才红利优势，凝聚起同心共圆中国梦的强大合力。

第一节　人类史上前所未有的壮举　/ 003

第二节　现代化的本质是人的现代化　/ 009

第三节　辩证看待人口规模巨大的优势和挑战　/ 018

第四节　形成同心共圆中国梦的强大合力　/ 026

第二章　中国式现代化是全体人民共同富裕的现代化⋯⋯ 041

全体人民共同富裕，发轫于马克思主义的科学真理，植根于中国传统大同社会理想的文化基因，奠基于中国革命、建设、改革的伟大历程，发展于新时代中国特色社会主义的探索实践，是理论逻辑、实践逻辑、历史逻辑的有机统一。

第一节　共同富裕是中国式现代化的重要特征　/ 043

第二节　全体人民共同富裕是一个总体概念　/ 055

第三节　人类共同富裕实践的中国方案　/ 063

第四节　扎实推动全体人民共同富裕　/ 071

第三章　中国式现代化是物质文明和精神文明相协调的现代化……087

> 只有物质文明建设和精神文明建设都搞好，国家物质力量和精神力量都增强，全国各族人民物质生活和精神生活都改善，中国特色社会主义事业才能顺利向前推进。

第一节　厚植现代化的物质基础　/ 089

第二节　增强实现中华民族伟大复兴的精神力量　/ 107

第三节　物质富足、精神富有是社会主义现代化的根本要求　/ 124

第四章　中国式现代化是人与自然和谐共生的现代化……137

> 站在中华民族永续发展的高度把握好人与自然相互依存、相互促进的辩证统一关系，主动破解社会发展、经济增长与资源环境的矛盾，走好人与自然和谐共生的现代化新路，是全面建设社会主义现代化国家、奋力开创生态文明事业发展新局面的必答题。

第一节　人与自然是生命共同体　/ 139

第二节　把生态文明建设摆在全局工作的突出位置　/ 155

第三节　走好生产发展、生活富裕、生态良好的文明发展道路　/ 167

第四节　生态文明建设是关系中华民族永续发展的根本大计　/ 177

第五章　中国式现代化是走和平发展道路的现代化………… 189

人类社会面临前所未有的挑战，世界又一次站在历史的十字路口，中国毅然决然地将和平发展的大旗举得更高，明确指出走和平发展道路是中国式现代化的重要特征。这无疑打破了"国强必霸"的陈旧逻辑，同时着眼于全人类的未来，关注全世界的命运。

第一节　世界又一次站在历史的十字路口　/ 191
第二节　走和平发展道路是中国的必然选择　/ 202
第三节　推动构建人类命运共同体　/ 212
第四节　推动中国式现代化道路越走越宽广　/ 224

主要参考文献……………………………………………………236

后　记……………………………………………………………239

第一章

中国式现代化是人口规模巨大的现代化

实现十四亿多人口整体迈进现代化社会，是人类历史上前所未有的壮举，推进中国式现代化必须立足人口规模巨大这一显著特征，用好人力资源优势和人才红利优势，凝聚起同心共圆中国梦的强大合力。

习近平总书记在党的二十大报告中指出:"中国式现代化是人口规模巨大的现代化。我国十四亿多人口整体迈进现代化社会,规模超过现有发达国家人口的总和,艰巨性和复杂性前所未有,发展途径和推进方式也必然具有自己的特点。"人口规模巨大是中国式现代化面临的基本国情和具有的首要特征。我国十四亿多人口要整体迈入现代化社会,其规模超过现有发达国家人口的总和,没有先例可循,将彻底改写现代化的世界版图,在人类历史上是一件有深远影响的大事。"现代化的本质是人的现代化",要实现"人口规模巨大的现代化",就要坚持人民至上的价值理念,始终锚定人民对美好生活的向往,让现代化建设成果更多更公平地惠及全体人民。"人口规模巨大"既是压力与考验,也意味着优势与红利。充分发挥亿万人民的创造伟力,尊重人民首创精神,坚持一切为了人民、一切依靠人民,就能凝聚起以中国式现代化全面推进中华民族伟大复兴的强大合力。

第一节
人类史上前所未有的壮举

中国式现代化是一项繁重、复杂的系统工程，让14亿多人口整体迈入现代化，将彻底改写现代化的世界版图，必将成为人类历史上前所未有的壮举，深刻影响人类历史进程，为人类文明进步作出巨大贡献。

一、现代化人口规模超过现有发达国家人口的总和

人口因素是影响一个国家现代化道路选择和发展进程的重要因素，不同的人口特征很可能会引申出不同的现代化类型。据世界银行资料显示，截至2023年2月，中国以14.47亿的人口数位居全球第一。18世纪英国开启了千万级人口规模的工业化，20世纪以来美国带领上亿级人口规模的国家走上现代化道路，但迄今为止，全世界实现现代化的国家和地区不超过30个，总人口不到10亿，远远少于中国目前的人口总数。

新中国成立以来，中国始终是全球人口规模最庞大的国家。国家统计局人口年度统计数据显示，1950年中国总人口数为5.52亿；1960—2022年，中国人口数从6.62亿增至14.12亿。世界银行数据库

人口统计数据显示,同期世界人口数从30.32亿增加到79.5亿,这一时期中国人口数占世界总人口数的比重从21.83%降至17.76%,但中国人口规模始终在全球排名第一。在中国这样一个超大人口规模的国家实现现代化,是一个世界性和世纪性难题。没有哪一个国家曾带领10亿级以上人口实现现代化,中国实现现代化意味着比现在所有发达国家和地区人口总和还要多的人口进入现代化序列。

自1978年以来,中国经济的年均增长速度领先于世界主要经济体。国家统计局资料显示,2021年,我国经济总量超114万亿元,占全球经济比重超过18%;人均GDP突破1.2万美元,超过世界人均GDP水平。2022年,我国经济总量突破120万亿元,达到121万亿元,继2020年、2021年连续突破100万亿元、110万亿元之后,跃上新台阶。按年均汇率计算,120万亿元折合美元约18万亿美元,稳居世界第二位。从人均水平来看,2022年我国人均GDP达85698元,比上年实际增长3%。按年平均汇率折算,达到12741美元,连续两年保持在1.2万美元以上。经济总量和人均水平持续提高,意味着我国的综合国力、社会生产力、国际影响力、人民生活水平进一步提升,意味着我国发展基础更牢、发展质量更优、发展动力更为充沛,意味着我国经济韧性强、潜力大、空间广且长期向好的基本面没有改变。

党的十八大以来,面对世界百年未有之大变局和世纪疫情冲击带来的国内外发展环境的深刻复杂变化,以习近平同志为核心的党中央团结带领全党全国各族人民,攻坚克难、开拓创新,统筹推进"五位一体"总体布局,协调推进"四个全面"战略布局,立足新发展阶段,贯彻新发展理念,构建新发展格局,着力推动高质量发展,使党和国家事业取得全方位、开创性成就,发生深层次、根本性变革。2021年4月,国务院新闻办公室发布《人类减贫的中国实践》白皮书,指出改革开放以来,按照现行贫困标准计算,中国共有7.7亿农

第一章
中国式现代化是人口规模巨大的现代化

村贫困人口摆脱贫困;按照世界银行国际贫困标准,中国减贫人口占同期全球减贫人口的70%以上。中国在脱贫、普及初等教育、改善营养和卫生、降低孕产妇和婴儿死亡率以及艾滋病发病率等方面为实现全球可持续发展目标作出了重大贡献。中国特色社会主义进入新时代,供给侧结构性改革有力推进,经济结构出现重大变革,生态环境状况明显好转,人民获得感、幸福感明显增强,中国经济已由高速增长阶段转向高质量发展阶段。

二、为人类文明贡献新价值

中国式现代化是现代化普遍进程在中国语境下的成功范例,谱写了新时代中国特色社会主义更加绚丽的华章,它的成功具有深远的世界历史意义。党的二十大报告提到,"中国式现代化为人类实现现代化提供了新的选择,中国共产党和中国人民为解决人类面临的共同问题提供更多更好的中国智慧、中国方案、中国力量,为人类和平与发展崇高事业作出新的更大的贡献"[①]。作为全球有影响力的大国,中国走具有本国特色的现代化新道路,打破了西方对现代化理论和模式的垄断,深刻影响了现代化的世界版图;拓展了发展中国家走向现代化的途径选择,为发展中国家提供了新样本;为世界发展提供持续动力和全新机遇,丰富和发展了人类文明新形态。

中国式现代化打破了西方对现代化理论和模式的垄断,深刻影响了现代化的世界版图。世界上既不存在定于一尊的现代化模式,也不

---

① 习近平:《高举中国特色社会主义伟大旗帜 为全面建设社会主义现代化国家而团结奋斗——在中国共产党第二十次全国代表大会上的报告》,人民出版社2022年版,第16页。

存在放之四海而皆准的现代化标准。实现现代化，关键是找到符合国情、符合人类社会发展规律的发展道路。从人类现代化的发展时序看，西方国家现代化处于先发行列并在全球范围内产生了广泛影响，一度成为一些发展中国家的样板。这种外部以经济和军事实力为支撑、内部以资本及其政治代理人为支撑的理论和话语垄断，导致一些人认为无论是现代化的标准，还是实现路径，都应模仿西方，从而陷入西方现代化理论和话语的迷思中，以致一些国家盲目照搬西方模式，其结果不仅没有实现现代化，还导致国家发展失序、社会动荡不安。

中国成功推进和拓展中国式现代化，充分证明各国完全可以走出符合本国国情的现代化道路。中国式现代化展现了现代化的全新方向和图景，使人类对现代化问题有了崭新的认识。随着中国式现代化的成功推进和拓展，一系列现代化的新概念、新范畴、新表述形成，打破了西方对现代化理论和话语的垄断，拓展和深化了人类对现代化的规律性认识。

中国式现代化拓展了发展中国家走向现代化的途径选择，为发展中国家提供了新样本。中国的成功实践，拓展了人类文明发展的路径，也向世界说明了一个道理：治理一个国家，推动一个国家实现现代化，并不只有西方制度模式这一条道路，各国完全可以走出自己的道路。走自己的路，并不是排斥借鉴别人的路，而是强调克服盲从，加强自主的理论和实践探索。这样的成功探索，进一步推动和拓展了现代化和人类文明进程。

一个国家或民族选择什么样的道路实现现代化，归根结底要看这条道路是否符合自身实际，是否能解决现代化建设面临的突出问题。我们用几十年时间走完了发达国家几百年走过的工业化历程，创造了世所罕见的经济快速发展和社会长期稳定两大奇迹。这充分证明，中

第一章
中国式现代化是人口规模巨大的现代化

国式现代化合乎历史潮流和时代大势，代表了人类文明进步的方向，不仅揭示了中国特色社会主义现代化建设规律，而且揭示了人类社会追求现代化的一般规律，特别是我们在经济文化相对落后的基础上，从解决温饱问题到实现整体小康，打赢人类历史上规模最大的脱贫攻坚战，历史性地解决绝对贫困问题，全面建成小康社会，推动全体人民共同富裕不断取得实质性进展等，为其他国家特别是广大发展中国家提供了鲜活的经验。比如，中国式现代化坚持以人民为中心的发展思想，把现代化成果是否更多更公平惠及全体人民、人民群众获得感幸福感安全感是否增强等作为重要评价标准，为破解人类现代化进程中的两极分化等难题指明了方向。所以，中国式现代化道路的成功，拓展了发展中国家走向现代化的途径，给世界上那些既希望加快发展又希望保持自身独立性的国家和民族提供了全新选择。

中国式现代化为世界发展提供持续动力和全新机遇，丰富和发展了人类文明新形态。中国式现代化成为世界经济增长的引擎。近10年来，中国经济平均增长率为6.6%，居世界主要经济体前列；中国对世界经济增长的平均贡献率达到38.6%，超过七国集团国家贡献率的总和。改革开放40多年来，中国7.7亿人摆脱贫困，对世界减贫贡献率超过70%。中国成为世界经济发展的压舱石和稳定器。和平与发展仍然是世界的主题，但当今世界正经历百年未有之大变局，中国在复杂严峻的国际形势下承担大国责任。一方面，保持政策定力，坚持以供给侧结构性改革为主线，有效改善市场预期，激发市场主体活力，释放经济增长潜力；另一方面，又以自身的努力和定力持续为世界经济作出贡献。在全球经济形势不稳定和新冠肺炎疫情的冲击下，中国经济保持稳定增长，对世界经济复苏作出了积极贡献，为全球发展提供了稳定性和确定性。

在新中国成立特别是改革开放以来的长期探索和实践基础上，经过党的十八大以来在理论和实践上的创新突破，我们成功推进和拓展了中国式现代化，使中国成为世界现代化的增长极，对破解人类社会发展难题、推进人类现代化进程具有重要意义。中国式现代化一开始就是以自身独有的文明特质展现于世界的，既蕴含了马克思现代性思想逻辑，又体现了中华文明历史悠久的思想观念、人文理念、价值追求。中国式现代化以人类命运共同体为理念，在追求和平发展、公平正义、民主自由等全人类共同价值的同时，强调和而不同，主张文明间的平等对话与合作共赢，这些都在丰富人类文明图景、推动人类文明向更美好方向发展上作出了巨大的贡献。

第二节
现代化的本质是人的现代化

习近平总书记指出,"现代化的本质是人的现代化"①。如果现代化的成果不能惠及最大多数的人,或者造成人精神空虚,这样的现代化就走错了方向。这也正是人类当下遭遇的一些现代化问题的症结所在。中国式现代化的成功实践表明,只有把实现人民对美好生活的向往作为现代化建设的出发点和落脚点,促进人的全面发展,现代化才有不竭的动力,现代化之路才能越走越宽广。

一、坚持人民至上的价值理念

中国式现代化是人口规模巨大的现代化,是全体人民共同富裕的现代化,是依靠人民的现代化,更是为了人民的现代化。人是现代化进程中的主体力量,也是现代化成果的享受者。推进中国式现代化要激发和调动人民群众的智慧和力量,坚持人民至上的价值追求,把蕴藏在人民群众中的创造力激发出来,让推进现代化建设的力量充分释

---

① 中共中央文献研究室编:《十八大以来重要文献选编》(上),中央文献出版社2014年版,第594页。

放，坚定不移地推进全体人民实现共同富裕。

人民至上是中国式现代化的价值立场和价值遵循。为谁立命、为谁谋利是一个政党的立场性、根本性问题。推进中国式现代化必须坚持人民至上。人民立场是中国共产党的根本政治立场，人民至上是中国式现代化的价值立场与价值遵循，也是中国式现代化的显著特征。中国共产党从诞生之日起，就将为人民谋幸福、为民族谋复兴确立为自己的目标，就把不断满足人民群众的美好生活需要写在自己的旗帜上，融入革命、建设和改革的伟大实践中。可以说，中国共产党的百年历史是一部为民服务史。正是基于此，中国共产党才赢得了人民群众的拥护和爱戴，才能凝聚起实现民族复兴的磅礴力量。"江山就是人民、人民就是江山，打江山、守江山，守的是人民的心。"①中国式现代化的过去由人民创造，未来仍然要依靠人民。新征程上，推进和拓展中国式现代化，必须继续依靠人民，贯彻以人民为中心的发展理念，尊重人民主体地位，激发人民创造热情和主人翁意识，使人民群众参与到社会主义现代化建设进程中来，将人民拥护不拥护、满意不满意、高兴不高兴、答应不答应作为衡量社会主义现代化建设的根本标准。中国式现代化将人民至上理念根植于心，紧密围绕提高人民群众获得感、幸福感和安全感，紧紧抓住发展这一基础和关键，立足新发展阶段，贯彻新发展理念，构建新发展格局，在加快发展中补齐短板，扎实推进经济社会高质量发展，努力在发展成果共享方面实现新作为，让改革发展成果更多地惠及人民。

人民至上是中国共产党性质和宗旨的完美诠释。中国共产党作为马克思主义政党，是中国工人阶级的先锋队，同时是中国人民和中华

---

① 习近平：《在庆祝中国共产党成立100周年大会上的讲话》，人民出版社2021年版，第11页。

第一章
中国式现代化是人口规模巨大的现代化

民族的先锋队,始终代表中国最广大人民的根本利益,没有自己特殊的利益,也从来不代表任何利益集团、任何权势团体、任何特权阶层的利益。这是党立于不败之地的根本所在。人民是我们党的执政基础和最大底气,全心全意为人民服务是我们党的根本宗旨,是我们党一切行动的根本出发点和落脚点,是我们党区别于其他一切政党的根本标志。中国共产党是按照马克思主义基本原理建立起来的政党,党在任何时候都把群众利益放在第一位。马克思主义理论是人民的理论,马克思主义的宗旨和目的就是要实现无产阶级及全人类的彻底解放。中国共产党人的初心和使命就是为中国人民谋幸福、为中华民族谋复兴,中国共产党为人民而生、因人民而兴。党团结带领人民进行革命、建设、改革,根本目的就是让人民过上幸福美好的生活。回望党的百年历史,正是中国共产党坚持一切为了人民、紧紧依靠人民,才实现了中华民族从站起来到富起来的伟大飞跃,迎来了从富起来到强起来的伟大飞跃,才能创造经济快速发展和社会长期稳定的两大奇迹,进而开启中华民族伟大复兴的历史新征程。人民至上,就是站在两个百年的交汇点上,在以中国式现代化全面推进中华民族伟大复兴的进程中向全党发出的最强号召。

人民至上是中国特色社会主义制度优势的鲜明体现。中国特色社会主义制度好不好、优越不优越,中国人民最清楚,也最有发言权。坚持人民至上,体现在中国特色社会主义根本制度、基本制度、重要制度的理论自觉和优势展现上。正是内蕴在一系列制度中的人民至上的理念和鲜明品格,充分保障了人民的生命至上、利益至上、权力至上,进而凸显出新型举国体制优势、全民参与优势、集中力量办大事优势、应对风险挑战优势,增强着我们一心一意谋发展的信心。

人民至上、生命至上是中国特色社会主义制度优势的最好明证。中国共产党任何时候都把人民群众的利益放在第一位,始终坚持以人民为中心的发展思想,秉持人民至上的政治品格。在新冠肺炎疫情防控中,党坚持人民至上、生命至上,把保护人民生命安全和身体健康作为重中之重。在党中央统一领导下,全国动员、全民参与,联防联控、群防群治,构筑起最严密的防控体系,凝聚起坚不可摧的强大力量。广大人民群众自觉配合疫情防控大局,形成了疫情防控的基础力量。这种高效的动员力、组织力和执行力使中国的制度优势得以转化为治理效能。在新冠肺炎疫情防控中,我们党秉持人民至上的价值追求,统筹疫情防控和经济社会发展,充分彰显了中国力量、中国精神、中国效率,再一次为世界贡献了中国智慧和中国方案。

人民至上、脱贫攻坚是中国特色社会主义制度优势的最好诠释。为人民谋幸福、为民族谋复兴的中国共产党毅然承担起摆脱贫困的历史使命。在党的带领下,"我国脱贫攻坚战取得了全面胜利,现行标准下9899万农村贫困人口全部脱贫,832个贫困县全部摘帽,12.8万个贫困村全部出列,区域性整体贫困得到解决,完成了消除绝对贫困的艰巨任务,创造了又一个彪炳史册的人间奇迹"[①]!实践证明,拥有14亿多人口的中国保持着前所未有的团结和强大。这得益于具有优势的中国特色的社会主义制度、雄厚的经济基础和伟大的民族精神。

二、满足人民群众的美好生活需要

实现人的全面发展,最基本的要求是人的需要的满足和层次的提

[①] 习近平:《在全国脱贫攻坚总结表彰大会上的讲话》,人民出版社2021年版,第1页。

第一章
中国式现代化是人口规模巨大的现代化

升。在新征程上推进现代化建设,就要将满足和提升人民美好生活需要作为解决社会主要矛盾的主导因素、关键环节和价值目标,更好满足人民群众的现实需要,切实提升人民群众的获得感、幸福感和安全感,更大程度激发人民群众的劳动积极性,进而提高人民和社会的整体现代化水平。

新时代人民日益增长的美好生活需要呈现出新特点。人民日益增长的美好生活需要,其实质是实现自身利益的需要,包括物质利益、文化利益、政治利益、社会利益、生态利益等,涵盖了社会生产、社会交往、社会生活的各个领域,总体上是物质利益和精神利益的多层次需要,呈现出多样化多层次多方面的特点,不仅对物质文化生活提出更高要求,而且在民主、法治、公平、正义、安全、环境等方面的需要日益增长。人民群众期盼有更好的教育、更稳定的工作、更满意的收入、更可靠的社会保障、更高水平的医疗卫生服务、更舒适的居住条件、更优美的环境、更丰富的精神文化生活,同时希望自身发展获得更广阔的空间和舞台。人民要求在社会主义民主政治建设中,更好地行使当家作主的权利,更好地维护和促进社会公平正义,促进社会全面进步,实现共同富裕。他们越来越关注和要求机会公平,比如公平竞争机会、公平就业机会、共享社会公共资源和公共服务机会、共享改革发展成果机会等。总之,满足人民日益增长的美好生活需要,要多谋民生之利、多解民生之忧,在发展中补齐民生短板、促进社会公平正义,在幼有所育、学有所教、劳有所得、病有所医、老有所养、住有所居、弱有所扶上不断取得新进展,使人民获得感、幸福感、安全感更加充实、更有保障、更可持续。

中国式现代化满足人民美好生活需要。党的十八大以来,中国特色社会主义进入新时代,这是我国发展新的历史方位。我国社会主要矛盾已经转化为人民日益增长的美好生活需要和不平衡不充分的发展

大国新路
——中国式现代化的中国特色

之间的矛盾。我国社会主要矛盾的变化，是中国特色社会主义进入新时代的重要依据，也是新时代更好开展工作、推动中国特色社会主义事业更好发展的重要依据。中国式现代化就是要化解这一社会主要矛盾，努力解决发展不平衡不充分的问题，不断满足人民日益增长的美好生活需要。中国式现代化是多层次、全方位的现代化。我国人口规模巨大，区域之间、城乡之间、行业之间的收入差距较为明显，经济社会文化发展水平差别较大，社会公共服务供给差异也较大，而这些直接影响人民群众的获得感、幸福感、安全感。中国式现代化的出发点和落脚点都是为了老百姓更好地生活。中国式现代化是人口规模巨大的现代化，是全体人民共同富裕的现代化，是物质文明和精神文明相协调的现代化，是人与自然和谐共生的现代化，是走和平发展道路的现代化。在中国共产党的坚强领导下，国家的富强逻辑、民族的复兴逻辑、人民的幸福逻辑三者相辅相成，从根本上都服从于、服务于人民的幸福逻辑。新时代的十余年，以习近平同志为核心的党中央坚持以人民为中心的发展思想，在高质量发展中保障和改善民生，不断满足人民对美好生活的新期待。奋进新征程，要继续坚持以人民为中心的发展思想，用心用情用力解决群众关心的就业、教育、社保、医疗、养老等实际问题，一件一件抓落实，一年接着一年干，努力让人民幸福生活的水平更高、成色更足、内涵更丰富。

新时代满足人民美好生活需要必须要有新作为。在继续推进发展的基础上，要着力解决好发展不平衡不充分问题，大力提升发展质量和效益，实现高质量发展。需要和发展相互促进，人民日益增长的美好生活需要必须通过更加平衡和更加充分的发展来满足。要进一步深化供给侧结构性改革，把提高供给侧质量作为主攻方向，坚持去产能、去库存、去杠杆、降成本、补短板，优化存量资源配置，扩大优质增量供给，为不断满足人民日益增长的美好生活需要筑牢雄厚的物质基础。要按照产业兴旺、生态宜居、乡风文明、治理有效、生活富裕的总要求，建立健全城乡融合发展体制机制和政策体系，统筹推进农村经济建设、政治建设、文化建设、社会建设、生态文明建设和党的建设，加快推进乡村治理体系和治理能力现代化，加快推进农业农村现代化，走中国特色社会主义乡村振兴道路。推动社会主义文化繁荣兴盛，为人民提供丰富的精神食粮和精神指引。要健全人民当家作主制度体系，坚持和完善人民代表大会制度。深化依法治国实践，坚持把党的领导贯彻落实到依法治国全过程和各方面。要不断提高保障和改善民生水平。坚持优先发展教育事业，提高就业质量和人民收入水平，使人人都有通过辛勤劳动获得自身发展的机会。全面建成覆盖全民、城乡统筹、权责清晰、保障适度、可持续的多层次社会保障体系。打造共建共治共享的社会治理格局，建设平安中国，确保国家长治久安、人民安居乐业。

三、追求人的自由全面发展

中国式现代化包括经济、政治、文化、社会、生态文明等各方面内容。"五大文明协调发展"超越了现有文明对"人"的认识，形成了一种全新的对"人"的理解，为实现人的全面发展奠定了根本性前提。中国式现代化使人的生存获得了最大解放与最高和谐，极大提升了人类的文明程度。

促进人的全面发展是马克思主义的基本价值取向。实现人的自由全面发展是由社会主义本质所决定的。马克思认为，社会主义是以每个人的自由而全面的发展为基本原则的社会形式。社会发展的根本旨归是为了人的自由全面发展。《共产党宣言》中提道："代替那存在着阶级和阶级对立的资产阶级旧社会的，将是这样一个联合体，在那里，每个人的自由发展是一切人的自由发展的条件。"①

马克思主义政党以实现人的自由全面发展和彻底解放全人类为己任，把人的自由全面发展作为社会主义事业的出发点和落脚点。增进人民福祉、促进人的全面发展是我们党立党为公、执政为民的本质要求。我们党自成立以来，一直致力于促进人的全面发展。从建党的开天辟地，到新中国成立的改天换地，到改革开放的翻天覆地，再到党的十八大以来党和国家事业取得历史性成就、发生历史性变革，我们党在夺取一个又一个胜利中不断促进人的全面发展。

促进共同富裕与促进人的全面发展具有高度统一性。共享理念实质就是坚持以人民为中心的发展思想，体现的是逐步实现共同富裕的要求。坚持人民至上的价值追求，就是坚持发展成果由人民共享，让发展成果更多更公平惠及全体人民，坚定不移走全体人民共同富裕道路。共同富裕是社会主义的本质要求，是中国特色社会主义的根本原则，是中国式现代化的重要特征。共同富裕是全体人民的富裕，是人民群众物质生活和精神生活都富裕，不是少数人的富裕，也不是整齐划一的平均主义。立足新时代新征程，坚持人民至上的价值追求，要秉持"发展为了人民"的价值要义，以人的全面发展为发展的根本尺度，把增进民生福祉作为发展的根本目的，顺应人民群众日益增长的美好生活需要，着力解决发展不平衡不充分问题，不断解放和发展社会生产力，在高质量发展中促进共同富裕。大力维护和促进社会公平正义，妥善处理各种复杂利益关系，正确处理个人利益和集体利益、局部利益和整体利益、当前利益和长远利益的关系，共同培育自尊自信、理性平和、积极向上的社会心态，形成促进改革发展稳定的强大合力，不断实现人的全面发展与社会全面进步，推动全体人民共同富

---

① 《马克思恩格斯文集》（第二卷），人民出版社2009年版，第53页。

第一章
中国式现代化是人口规模巨大的现代化

裕取得更为明显的实质性进展。人在推进中国式现代化建设中具有关键性作用。现代化的本质是人的现代化，人的现代化的前提是人的全面发展，而人的全面发展又是走共同富裕道路的重要条件。我们要以更大的力度，更有效的举措，在扎实推进中国式现代化中致力于实现人的现代化。

不断为促进人的全面发展创造新的条件。人的全面发展是一个历史过程。促进人的全面发展，同推动经济社会发展、改善人民物质文化生活互为因果。人越全面发展，发展成果就会创造得越多，人民的生活就越能得到改善；发展成果越多，又越能促进人的全面发展。经过新中国成立以来特别是改革开放40多年的不懈奋斗，我们已经拥有开启新征程、实现新的更高目标的雄厚物质基础，也拥有了促进人的全面发展的雄厚物质基础。党的十八大以来，以习近平同志为核心的党中央坚持以人民为中心的发展思想，统筹发展全局，聚焦民生需求，做出有效制度安排，千方百计解决好人民群众最关心最直接最现实的利益问题和人民群众急难愁盼问题，大力推进民生建设，不断增强人民群众获得感、幸福感、安全感。新时代以中国式现代化全面推进中华民族伟大复兴，要更加自觉主动解决地区差距、城乡差距、收入差距等问题，坚持在发展中保障和改善民生，统筹做好就业、收入分配、教育、社保、医疗、住房、养老、扶幼等各方面工作，更加注重向农村、基层、欠发达地区倾斜，向困难群众倾斜，促进社会公平正义，让发展成果更多更公平惠及全体人民，从而不断促进人的全面发展。

第三节
辩证看待人口规模巨大的优势和挑战

我国是世界上人口最多的国家，人口问题始终是我国面临的全局性、长期性、战略性问题。"人口规模巨大"既是压力与考验，也意味着优势与红利。大有大的优势，大也有大的难处，要始终从"人口规模巨大"这个基本国情出发，坚持辩证思维，化压力为动力，为深入持续推进中国式现代化提供不竭力量源泉。

一、巨大规模人口提供优势和红利

党的十八大以来，以习近平同志为核心的党中央把人口问题放在治国理政的重要位置，在现代化建设全局中科学把握人口发展规律，把人口问题作为推动改革、谋划发展、改善民生的重要出发点，团结带领广大人民群众打赢了人类历史上规模最大的脱贫攻坚战，历史性地解决了绝对贫困问题，完成全面建成小康社会的历史任务，实现了第一个百年奋斗目标。这是向着"人口规模巨大的现代化"迈进的具体表现。人口红利既要看总量，更要看质量；既要看人口，更要看人才！

第一，巨大规模人口内含思想和国防力量。从经济发展的角度看，人既是生产者也是消费者，具有创造财富、扩大需求和实现资本积累的能力。我国有着明显的人力资源优势，现有8.8亿劳动年龄人口，超过全球所有发达国家劳动年龄人口总和。巨大的人口规模带来了更加丰富的思想资源，是先进文化建设和创新的源泉。同时，也提供了充足的国防后备力量，是我国保持国家安定、推进现代化建设的基础保障。在中国共产党的领导下，14亿多中国人心往一处想、劲往一处使，画出最大同心圆，集中力量办大事，克服了现代化建设中的各种困难和阻碍。社会主义制度优势与巨大的人口规模相叠加，势必产生更大的建设性力量。

第二，巨大规模人口蕴藏高质量发展的人才红利。提升人力资本不仅能够提高全要素生产率、推动高质量发展，更是现代化建设的最终目标，即人的现代化。受教育水平和健康水平的提高为我国实现高质量发展奠定了基础。当前，我国人口受教育水平、文化素质和科学素质以及健康素质大幅提升，科技人力资源总量持续保持世界最大规模，且结构不断优化，呈现年轻化特征，为我国经济社会高质量发展提供了基础性、战略性支撑。人们的思想和能力得到发展，能够更好地认识世界和改造世界，追求自身价值和个性发展，而不只是为了谋生重复机械劳动，这是实现实质性的现代化的必然要求和必要保障。2023年3月，李强总理在答中外记者问时提道：我国有近9亿劳动力，每年新增劳动力都超过1500万，人力资源丰富仍然是中国的突出优势。更重要的是，我国接受高等教育的人口已超过2.4亿，新增劳动力平均受教育年限达到14年。可以说，我国的人口红利没有消失，人才红利正在形成，发展动力依旧强劲。

第三，巨大规模人口为增强国内大循环主体地位提供重要保障。巨大的人口规模意味着广阔的市场空间和可观的消费潜力。在超大规模市场，技术和产品容易产生规模效益，从而有利于促进技术进步，形成新的商业模式、消费品牌等。4亿多中等收入群体、14亿多人口，形成一个超大规模市场，成为中国经济行稳致远的稳定之锚。我国人均GDP突破1.2万美元，居民消费结构快速升级，超大规模市场具有深厚增长潜力。多样化的需求和个性化的消费，为新技术、新产业、新业态、新模式提供了丰富应用场景，超大规模市场孕育着蓬勃创新活力。坚持以人民为中心，扎实推进共同富裕，不断扩大中等收入群体，超大规模市场涌动着澎湃发展动力。这些优势，为应对不确定难预料因素提供了回旋空间，为增强国内大循环主体地位提供了重要保障。

随着人口受教育程度和技能水平的提高，人口规模巨大为中国式现代化提供了充裕的劳动力资源和有力的人才基础，这是经济社会高质量发展的基础性、战略性支撑。拥有超大人口规模、超大国土空间、超大经济体量、超大国内市场的现代化中国，承载着世界对新时代新机遇的期待。深厚的人力资源基础和超大规模市场优势叠加，将为中国式现代化提供强大的动力引擎和不竭的动力源泉。

二、巨大规模人口带来压力和考验

中国式现代化是人类历史上规模最大的现代化，也是难度最大的现代化。超大规模的人口虽然能提供充足的人力资源和超大规模市场，但也带来了一系列难题和挑战。仅仅解决14亿多人的吃饭问题，就是一个很大的挑战。除了基本的生存需要之外，就业、教育、医疗、住房、养老、托幼等问题，任何一项涉及的人口都是天文数字，解决起来都不容易。因此，在看到巨大规模人口蕴含的人口红利的同时，也要清醒地认识到其带来的压力和考验。

第一，巨大规模人口对经济社会和资源环境造成的压力长期存

第一章
中国式现代化是人口规模巨大的现代化

在。人口数量多意味着人口的差异性、多样性和复杂性更强,经济社会治理的难度更大,也必然会产生"先富"和"后富"的差距。当前,我国就业、医疗、住房、社保等基本公共服务面临巨大的人口压力,尽管我国已经消除了绝对贫困,但相对贫困仍然存在。人民日益增长的美好生活需要和不平衡不充分的发展之间的矛盾,已经成为现阶段我国社会的主要矛盾。以中国的体量,再大的成就除以14亿多人都会变得很小,再小的问题乘以14亿多人都会变得很大。因此,如何提高国家治理的现代化水平,如何缓解人口与资源环境的紧张关系,如何用一部分"先富"带动大规模的"后富"从而实现共同富裕,是我国现代化建设必须解决的难题。

第二,人均资源占有量较低,地区间、城乡间、行业间发展不平衡。我国自然资源种类丰富、总量大,但人均资源占有量远低于世界平均水平。在其他因素给定的条件下,人口规模巨大意味着人均资源占有量处于相对不利的地位。人口规模巨大意味着城乡之间、地区之间、行业之间存在着发展不平衡,不同社会成员的禀赋条件和收入水平也会有一定落差,而回应这种差距是具有挑战性的。当前,我国城乡融合仍然存在制度性障碍。特大城市存在过度城市化的问题,住房、医疗、教育资源拥挤;农村基础教育和医疗卫生资源不足、社会保障水平低,青壮年涌入城市而老人留在农村,导致农村发展动力不足。这些对我国解决"三农"问题、实现乡村振兴提出了挑战。不同地区之间发展差异巨大,东南沿海地区经济发展水平高、各类资源丰富、发展速度较快,西北和西南地区经济发展水平不高,各类资源稀缺、发展滞后。此外,行业之间的竞争也较为激烈,资本、数据、人才等要素涌向规模较大、利润丰厚、品牌效应较好的公司和行业。人口规模巨大意味着不同社会成员的发展条件和利益诉求并不一致,在推进中国式现代化的进程中,需要具备强大的动员和组织能力,以解决社会成员之间的激励相容和发展动力问题。

第三，出生率降低，人口结构逐渐失衡。国家统计局数据资料显示，2022年，中国人口出现近61年来的首次负增长。2022年年末全国人口141175万人，比上年末减少85万人。具体来看，2022年全年出生人口956万人，人口出生率为6.77‰；死亡人口1041万人，人口死亡率为7.37‰；人口自然增长率为-0.60‰。从短期来看，低出生率会造成"新生儿赤字"。即使放开生育，也会存在大量独生子女家庭甚至是丁克家庭，这样的家庭在结构上具有不稳定性，在功能上具有脆弱性，抵御风险的能力不足。随着独生子女父母步入老年期，空巢老人、失独家庭的养老问题将愈发凸显，这会为社会增加很大的负担。从长期来看，低生育率不仅会导致人口数量减少，还会造成"劳动力人口赤字"，形成极不平衡的人口年龄结构。社会抚养负担重、劳动力相对短缺将削弱我国现代化建设的力量。人口结构失衡越来越成为我国人口发展的最主要问题，不利于现代化建设。通常认为，老年人身体状况和创新能力较差，在社会建设中发挥的作用低于中青年，因此对任何一个国家来说，即便人口规模巨大，但倘若老年人口过多，也很难发挥力量和优势。发达国家的老龄化问题通常发生在经济富裕之后，或与经济富裕同时发生，但是我国仍处于社会主义初级阶段，老龄化问题发生在经济富裕之前，尚未有充足的物质保障。"未富先老"这一现象将会对中国式现代化建设提出更大的挑战。

三、坚持辩证思维、化压力为动力

中国要实现超大规模人口的现代化，必须走自己的道路，发展途径和推进方式要具有自己的特点。我们要清晰地认识到，"人口规模巨大"既是压力与考验，又意味着优势与红利。在以中国式现代化全

第一章
中国式现代化是人口规模巨大的现代化

面推进中华民族伟大复兴进程中,要始终从"人口规模巨大"这个基本国情出发,把国家和民族发展放在自己力量的基点上,坚持稳中求进、循序渐进、持续推进。

第一,坚持以人民为中心的发展思想。实现"人口规模巨大的现代化",首先,要锚定人民对美好生活的向往,让现代化建设成果更多更公平地惠及全体人民。人民群众对美好生活的需要日益广泛多样,要聚焦百姓急难愁盼问题,统筹做好收入分配、就业、社保、医疗、教育、住房等各方面工作,采取更有针对性的措施,让人民群众获得感更加充实、幸福感更有保障、安全感更可持续。其次,我国人口发展出现了一些显著变化,既面临人口众多的压力,又面临人口结构转变带来的挑战。面对"十四五"时期社会结构、社会关系、社会行为方式、社会心理等方面发生的深刻变化,要着力在实现更加充分、更高质量的就业,完善全覆盖、可持续的社保体系上下功夫,特别是要紧紧扭住人们普遍关切的"一老一幼"问题,采取更多惠民生、暖民心举措,健全基本公共服务体系,扎实推进共同富裕。最后,要集中力量办大事,积极参与到社会主义现代化建设中来。正如习近平总书记所强调的:"中国经济社会的更好发展,归根结底要激发14亿多人民的力量。"[①]要充分发挥人民创造伟力,尊重人民首创精神,让人民同享人生出彩的机会,同享与祖国和时代共同发展的机会。

第二,扩大中等收入群体规模。扩大中等收入群体规模,是维护社会和谐稳定、国家长治久安的必然要求,是扎实推动共同富裕取得更加明显的实质性进展的具体表现。纵观全球,一些国家贫富分化严

[①] 习近平:《习近平在亚太经合组织第二十九次领导人非正式会议上的讲话》,人民出版社2022年版,第6页。

重，社会撕裂、政治极化、民粹主义泛滥，教训十分深刻。在各国追求现代化的过程中，某些后发国家依赖资源优势实现了经济腾飞，却落入了"资源诅咒"陷阱，最终未能建立起完整的工业体系。在新时代，我们提出并贯彻新发展理念，着力推进高质量发展，推动构建新发展格局，实施供给侧结构性改革，在稳增长、调结构、惠民生、促改革之间找到平衡点，实现了经济实力的历史性跃升。从结构看，我们拥有包括4亿多中等收入群体在内的14亿多人口所形成的超大规模市场。要继续推动居民收入增长和经济增长同步，通过持续完善分配制度、改善收入分配结构，持续扩大中等收入群体，推动更多低收入人群迈入中等收入行列。

第三，以高水平开放全面激发超大规模市场潜力。超大规模的国内市场既为我国应对国内外不确定性因素提供了充足有效的回旋余地，也为经济持续稳定发展提供了巨大潜力和强力支撑。进入新时代以来，我国超大规模市场优势涵盖了经济总量、市场容量、产业体系、人力资本等多个方面，这些优势的叠加发挥，让中国经济更具韧性和活力。当前，我国已经初步具备依托超大规模市场潜在优势构建新发展格局，以国内大循环吸引全球资源要素、增强国内国际两个市场两种资源联动效应的能力。新时代，要牢牢把握扩大内需这个战略基点，加快建设全国统一大市场，增强国内大循环内生动力和可靠性，进一步提升国际循环质量和水平，改善我国生产要素质量和配置水平，塑造我国参与国际合作和竞争的新优势，推动我国产业转型升级。同时，要实施更大范围、更宽领域、更深层次的对外开放，建设更高水平开放型经济新体制，增强国内国际两个市场两种资源联动效应，推动全球共享中国大市场，不断为全球发展繁荣注入新活力与正能量。

第四，制定具有前瞻性的人口发展规划。人口转变理论告诉我们，人口再生产类型从"高出生—高死亡—低自然增长"向"高出生—低死亡—高自然增长"，再向"低出生—低死亡—低甚至负自然增长"转变，这是人类从愚昧无知的原始社会向现代发达社会转变必然发生的人口过程，也是经济社会发展、医疗和避孕等技术普及的必然结果。然而，经济社会的进一步发展带来生育率持续下降，甚至普遍下降到更替水平以下。新出生队列规模远远小于以往高出生率所产生的出生队列规模，后者逐渐步入老年期，前者逐渐成长为劳动力，就会导致老年人口增多、劳动年龄人口和少儿人口缩减，人口年龄结构从年轻型向老年型转变，且老龄化程度不断加深。全面建设社会主义现代化强国要准确把握人口发展规律，实施积极应对人口老龄化国家战略。优化生育政策，增强生育政策包容性，提高优生优育服务水平。发展普惠托育服务体系，降低生育、养育、教育成本。推进以人为核心的新型城镇化，实现巩固拓展脱贫攻坚成果同乡村振兴有效衔接。

第四节

形成同心共圆中国梦的强大合力

党的二十大报告指出:"团结就是力量,团结才能胜利。全面建设社会主义现代化国家,必须充分发挥亿万人民的创造伟力。全党要坚持全心全意为人民服务的根本宗旨,树牢群众观点,贯彻群众路线,尊重人民首创精神,坚持一切为了人民、一切依靠人民,从群众中来、到群众中去,始终保持同人民群众的血肉联系,始终接受人民批评和监督,始终同人民同呼吸、共命运、心连心,不断巩固全国各族人民大团结,加强海内外中华儿女大团结,形成同心共圆中国梦的强大合力。"①

一、团结奋斗是创造历史伟业的必由之路

习近平总书记在党的二十大报告中鲜明指出,"团结奋斗是中国

---

① 习近平:《高举中国特色社会主义伟大旗帜　为全面建设社会主义现代化国家而团结奋斗——在中国共产党第二十次全国代表大会上的报告》,人民出版社2022年版,第70页。

第一章
中国式现代化是人口规模巨大的现代化

人民创造历史伟业的必由之路"①。这一重大判断,凝聚了党领导人民进行百年奋斗历程的经验,揭示了人民创造历史伟业的规律,为全面建设社会主义现代化国家、全面推进中华民族伟大复兴指明了方向。

团结奋斗是党和人民事业不断发展壮大的重要法宝。在波澜壮阔的百年历程中,中国共产党始终不忘初心、牢记使命,调动一切积极因素,团结一切可以团结的力量,书写了人类发展史上的伟大奇迹。1840年鸦片战争以后,中国逐步沦为半殖民地半封建社会,国家蒙辱、人民蒙难、文明蒙尘,中华民族遭受了前所未有的劫难。中国共产党自成立之日起,就团结带领中国人民,以"为有牺牲多壮志,敢教日月换新天"的英雄本色,书写了中华民族几千年历史上最恢宏的史诗。新民主主义革命时期,党团结带领广大人民经过大革命、土地革命战争、抗日战争、解放战争,取得新民主主义革命的胜利。社会主义革命和建设时期,党团结带领人民自力更生、发愤图强,创造了社会主义革命和建设的伟大成就,实现了一穷二白、人口众多的东方大国大步迈进社会主义社会的伟大飞跃。改革开放和社会主义现代化建设新时期,党团结带领人民解放思想、锐意进取,创造了改革开放和社会主义现代化建设的伟大成就,推进了中华民族从站起来到富起来的伟大飞跃。

党的十八大以来,中国特色社会主义进入新时代。以习近平同志为核心的党中央团结带领人民自信自强、守正创新,统揽伟大斗争、伟大工程、伟大事业、伟大梦想,推进了一系列变革性实践,取得了

---

① 习近平:《高举中国特色社会主义伟大旗帜 为全面建设社会主义现代化国家而团结奋斗——在中国共产党第二十次全国代表大会上的报告》,人民出版社2022年版,第70页。

一系列标志性成果。党的二十大报告提到,"十年来,我们经历了对党和人民事业具有重大现实意义和深远历史意义的三件大事:一是迎来中国共产党成立一百周年,二是中国特色社会主义进入新时代,三是完成脱贫攻坚、全面建成小康社会的历史任务,实现第一个百年奋斗目标。这是中国共产党和中国人民团结奋斗赢得的历史性胜利"[①]。正是依靠全党全国各族人民的团结奋斗,我们打赢了人类历史上规模最大的脱贫攻坚战,全国832个贫困县全部摘帽,近1亿农村贫困人口实现脱贫,960多万贫困人口实现易地搬迁,历史性地解决了绝对贫困问题,为全球减贫事业作出了重大贡献。面对突如其来的严重疫情,我们党团结带领人民开展了疫情防控的人民战争、总体战、阻击战,2亿多人得到诊治,近80万重症患者得到有效救治,新冠肺炎死亡率保持在全球最低水平,较短时间实现了疫情防控平稳转段,取得了疫情防控重大决定性胜利,创造了人类文明史上人口大国成功走出疫情大流行的奇迹。

这些伟大成就的取得是中国共产党团结带领中国人民齐心奋斗的结果,14亿多中国人民凝聚成不可战胜的磅礴力量,稳经济、促发展、战贫困、建小康、控疫情、抗大灾、应变局、化危机,创造了一个个人间奇迹,推动中华民族伟大复兴进入不可逆转的历史进程。习近平总书记在党的二十大报告中指出:"新时代的伟大成就是党和人民一道拼出来、干出来、奋斗出来的!"[②]这一论断,深刻揭示了新

---

① 习近平:《高举中国特色社会主义伟大旗帜 为全面建设社会主义现代化国家而团结奋斗——在中国共产党第二十次全国代表大会上的报告》,人民出版社2022年版,第4页。

② 习近平:《高举中国特色社会主义伟大旗帜 为全面建设社会主义现代化国家而团结奋斗——在中国共产党第二十次全国代表大会上的报告》,人民出版社2022年版,第15页。

第一章
中国式现代化是人口规模巨大的现代化

时代党和国家事业发生历史性变革、取得历史性成就的重要密码。

团结奋斗彰显伟大中国精神。回顾党的百年历史，所取得的一切成就都是团结奋斗的结果，团结奋斗是中国共产党和中国人民最显著的精神标识。中国是统一的多民族国家。一部中华民族发展史，就是一部各民族团结一致、共同奋斗的历史，并在奋斗中形成了伟大团结精神。一方面，团结奋斗是民族精神的重要部分。"团结就是力量""众人拾柴火焰高"等格言警句，是中华民族团结精神的生动写照，植根于中国人内心最深处，深刻影响着中国人的精神世界和日常行为。党的十八大以来，习近平总书记在回望历史、顺应时代的基础上，概括出以伟大创造精神、伟大奋斗精神、伟大团结精神、伟大梦想精神为主要内涵的伟大民族精神，为中国发展和人类文明进步提供了强大精神动力。另一方面，团结奋斗彰显了伟大建党精神。中国共产党在百年奋斗中形成了坚持真理、坚守理想，践行初心、担当使命，不怕牺牲、英勇斗争，对党忠诚、不负人民的伟大建党精神。团结奋斗无疑是贯穿其中最显著的精神标识。团结奋斗也是贯通党百年奋斗历史的一条重要主线，是对"坚持党的领导""坚持敢于斗争"和"坚持统一战线"等历史经验的高度凝练。

团结奋斗才能战胜风险挑战。当今世界正经历百年未有之大变局，世界之变、时代之变、历史之变正以前所未有的方式展开，各国相互联系和依存日益加深，国际力量对比更趋平衡。同时，单边主义、保护主义、霸权主义对世界和平发展构成威胁，世界进入新的动荡变革期。我国所有制形式更加多样，社会阶层更加多样，社会思想观念更加多样，改革发展稳定面临的考验大、矛盾风险挑战多。习近平总书记在党的二十大报告中指出："我国发展进入战略机遇和风险挑战并存、不确定难预料因素增多的时期，各种'黑天鹅'、'灰犀牛'事件随时可能发生。我们必须增强忧患意识，坚持底线思维，做到居安思危、未雨绸缪，准备经受风高浪急甚至惊涛骇浪的重大考验。"①

党的二十大报告提道："从现在起，中国共产党的中心任务就是团结带领全国各族人民全面建成社会主义现代化强国、实现第二个百年奋斗目标，以中国式现代化全面推进中华民族伟大复兴。"②实现中华民族伟大复兴是全体中国人民的共同追求，是中华民族团结奋斗的共同目标。这一共同目标，能够把全国各族人民和海内外中华儿女的力量调动起来、凝聚起来，形成实现中华民族伟大复兴的强大力量。

二、充分激发人民群众的创造伟力

在推进中国式现代化进程中，必须不断满足人民群众的美好生活需要，坚守初心使命，贯彻党的群众路线，尊重人民主体地位，尊重人民群众在实践活动中所表达的意愿、所创造的经验、所拥有的权利、所发挥的作用，充分激发蕴藏在人民群众中的创造伟力。

将满足人民对美好生活的向往作为奋斗目标。中国共产党为人民而生、因人民而兴，始终同人民在一起、为人民利益而奋斗。纵览党的百年奋斗历程，中国共产党始终坚守为人民谋幸福、为民族谋复兴的使命任务，团结带领全国各族人民奋勇拼搏、勇往直前，不断开创事业发展新天地，在中华民族发展史和人类社会进步史上书写了壮丽

---

① 习近平：《高举中国特色社会主义伟大旗帜　为全面建设社会主义现代化国家而团结奋斗——在中国共产党第二十次全国代表大会上的报告》，人民出版社2022年版，第26页。

② 习近平：《高举中国特色社会主义伟大旗帜　为全面建设社会主义现代化国家而团结奋斗——在中国共产党第二十次全国代表大会上的报告》，人民出版社2022年版，第21页。

诗篇。实践充分证明，人民是党的力量之源和胜利之本，只要我们党永远保持同人民群众的血肉联系，做到一切为了人民、一切依靠人民，我们就能战胜前进道路上的各种艰难险阻。

党的十八大以来，以习近平同志为核心的党中央坚持以人民为中心的发展思想，始终把人民放在心中最高位置、把人民对美好生活的向往作为奋斗目标。十年来，党领导人民经过接续奋斗，在中华大地上全面建成小康社会，实现了小康这个中华民族的千年梦想，14亿多中国人的生活得到全方位改善，创造了一个个世界瞩目的人间奇迹。以习近平同志为核心的党中央始终坚持从战略高度着眼进行长远规划、从老百姓的急难愁盼问题着手进行制度创新，围绕人民幸福美好生活书写了气势恢宏的绚丽民生篇章。目前，我国已经基本建成了世界上规模最大的现代基本公共服务体系；基本上普及了高中阶段教育，高等教育已经进入普及化阶段，教育普及程度超过中高收入国家平均水平。同时，我国拥有世界上增长速度最快、规模最大的中等收入群体，已经建成世界上规模最大的社会保障体系，以基本养老制度、基本医疗制度和最低生活保障制度为支柱的覆盖全民的多层次社会保障体系日益完善，现已初步实现人人享有基本医疗卫生服务，取得了一系列彪炳史册的标志性民生成就。

始终坚持人民主体地位。历史反复证明，人民群众是历史发展和社会进步的主体力量。唯物史观也认为，人民群众是历史的主体，是社会物质财富和精神财富的创造者，是实现社会变革的决定性力量。在马克思、恩格斯看来，"历史活动是群众的活动，随着历史活动的深入，必将是群众队伍的扩大"①。毛泽东同志强调："人民，只有

---

① 《马克思恩格斯文集》（第一卷），人民出版社2009年版，第287页。

人民，才是创造世界历史的动力。"①人民既是历史的"剧中人"，也是历史的"剧作者"。

人民是历史的创造者，群众是真正的英雄。回望百年党史，我们党领导人民经千难而前仆后继、历万险而锲而不舍，在列强侵略时顽强抗争、在山河破碎时浴血奋战、在一穷二白时奋发图强、在改革开放中与时俱进，战胜一个又一个艰难险阻，取得一个又一个辉煌胜利，靠的是始终得到人民群众的拥护和支持。人民是我们风雨无阻、高歌行进的根本力量，人民的参与和奋斗积蓄着推动历史进步的强大势能。我们党的百年征程反复证明，人民是决定党和国家前途命运的根本力量。正是因为我们党始终坚持发展为了人民、发展依靠人民，切实激发人民群众的积极性、主动性、创造性，才能克服一个又一个艰难险阻、战胜一个又一个风险挑战，团结带领人民创造了新民主主义革命的伟大成就、社会主义革命和建设的伟大成就、改革开放和社会主义现代化建设的伟大成就、新时代中国特色社会主义的伟大成就。

坚持人民主体地位，充分调动人民积极性，始终是我们党立于不败之地的强大根基。党的十八大以来，以习近平同志为核心的党中央统筹国内国际两个大局，贯彻党的基本理论、基本路线、基本方略，统揽伟大斗争、伟大工程、伟大事业、伟大梦想，坚持稳中求进工作总基调，紧紧依靠人民，出台一系列方针政策，战胜一系列重大风险挑战，推动党和国家事业取得历史性成就、发生历史性变革。在以中国式现代化推进中华民族伟大复兴的新征程上，我们必须坚持人民主体地位，一切依靠人民，充分调动最广大人民的积极性、主动性、创造性，继续依靠人民创造新的历史伟业。

---

① 《毛泽东选集》（第三卷），人民出版社1991年版，第1031页。

第一章
中国式现代化是人口规模巨大的现代化

尊重人民首创精神。空谈误国，实干兴邦。实现中华民族伟大复兴，是造福亿万人民群众的宏伟事业，也是需要14亿多人民群众为之付出辛劳和智慧的光荣事业。只要坚持以人民为中心，坚守人民立场，牢记"民之所忧，我必念之；民之所盼，我必行之"，不断实现人民对美好生活的向往，就能不断激发人民群众的积极性、主动性、创造性，凝聚起团结奋进的磅礴力量。

尊重人民首创精神，要善于从人民群众中汲取智慧和力量，始终保持同人民群众的血肉联系，凝聚起众志成城的磅礴力量，团结带领人民共创历史伟业。因此，要始终坚持以人民为中心的发展思想，时刻把人民放在心中最高位置、把人民对美好生活的向往作为奋斗目标。同时，要认真贯彻党的群众路线。从群众中来、到群众中去的群众路线是我们党的生命线和根本工作路线。从群众中来，就是要尊重人民群众的主体地位和首创精神，善于问政于民、问需于民、问计于民，坚持拜人民为师，积极地吸收、利用人民群众的好想法、好做法。到群众中去，就是要把从群众中总结、提炼出来的正确的、行之有效的想法和做法加以推广，并在工作实践中进行检验，充分发挥人民的聪明才智，最大限度调动人民的积极性，汇聚推动中国特色社会主义建设的磅礴力量。

在党的百年奋斗征程中，中国共产党始终坚守初心、牢记使命，站稳人民立场、把握人民愿望、尊重人民创造、集中人民智慧，着力解决与人民群众利益相关的问题，取得了令世人惊叹的人间奇迹。在新的起点上，在以中国式现代化全面推进中华民族伟大复兴的新征程上，中国共产党将继续团结带领全国各族人民埋头苦干，在高质量发展之路上阔步前行，为全面建设社会主义现代化强国而团结奋斗！

三、增强做中国人的志气、骨气、底气

党的二十大报告提出:"增强全党全国各族人民的志气、骨气、底气,不信邪、不怕鬼、不怕压,知难而进、迎难而上,统筹发展和安全,全力战胜前进道路上各种困难和挑战,依靠顽强斗争打开事业发展新天地。"①这是对生活在中华大地上14亿多中国人的时代号召和殷切期望。增强历史自觉、掌握历史主动、坚定文化自信是我们党成就伟大事业的重要密码。立足新时代新征程,必须增强14亿多中国人的志气、骨气、底气,凝聚起推进中华民族伟大复兴的磅礴力量。

在坚定历史自信中增强做中国人的志气、骨气、底气。党的十九届六中全会全面总结中国共产党的百年奋斗重大成就和历史经验,对认识历史规律、坚定历史自信、增强历史自觉、掌握历史主动,对推动全党牢记初心使命、团结带领全国各族人民夺取新时代中国特色社会主义伟大胜利,具有十分重大的意义。100多年来,中国共产党致力于为中国人民谋幸福、为中华民族谋复兴,致力于为人类谋进步、为世界谋大同,天下为公,人间正道,这是我们党具有历史自信的最大底气,是我们党执政并长期执政的历史自信,也是我们党团结带领人民继续前进的历史自信。推进中国式现代化,必须在坚定历史自信中增强全党全国各族人民的志气、骨气、底气。

近代以来,在西方列强坚船利炮的冲击下,从器物、制度到理

---

① 习近平:《高举中国特色社会主义伟大旗帜　为全面建设社会主义现代化国家而团结奋斗——在中国共产党第二十次全国代表大会上的报告》,人民出版社2022年版,第27页。

第一章
中国式现代化是人口规模巨大的现代化

论、文化，中国人5000多年积淀的尊严和自信一步步塌陷，各种救亡图存运动并未使苦难的中国和蒙辱的国人真正摆脱列强的控制。中国共产党一诞生，就带领人民踏上寻求民族独立、人民解放和国家富强、人民幸福之路的漫漫征程。落后就要挨打，发展才能自强。100多年来，中国共产党团结带领中国人民书写的最恢宏史诗，就是创造了新民主主义革命、社会主义革命和建设、改革开放和社会主义现代化建设、新时代中国特色社会主义的伟大成就，从而支撑起民族自信，增强了中国人的志气、骨气、底气。在中国共产党的领导下，中国彻底结束了半殖民地半封建社会，推翻了延续几千年的封建制度，确立起社会主义基本制度。经过社会主义建设，实现了一穷二白、人口众多的东方大国大步迈进社会主义社会的伟大飞跃。中国共产党坚定不移推进改革开放，创造性地提出并发展了中国特色社会主义，实现了从高度集中的计划经济体制向充满活力的社会主义市场经济体制的转变，经济总量跃居世界第二，实现了历史性突破。新时代，中国共产党带领中国人民全面建成小康社会，取得了脱贫攻坚重大胜利，朝着全面建成社会主义现代化强国的第二个百年奋斗目标坚实迈进。

愿望的实现、需要的满足、利益的维护，是一个人增强志气、骨气、底气的内在源泉和内生动力。在中国共产党的领导下，人民生活水平不断提高，人均GDP突破1万美元，人均预期寿命明显延长，现已建成世界上规模最大的社会保障体系，基本养老保险覆盖近10亿人。人民群众对美好生活的需要日益得到满足，增强了国人的志气、骨气和底气。

在增强历史主动中增强做中国人的志气、骨气、底气。新时代新征程，走好新的赶考之路，必须抓住战略机遇，增强历史主动，为实现第二个百年奋斗目标、实现中华民族伟大复兴而奋力拼搏。100多年来，中国共产党团结带领中国人民所进行的一切奋斗，就是为了把我国建设成为现代化强国，实现中华民族伟大复兴。全党全国各族人民要全面贯彻习近平新时代中国特色社会主义思想，把握好其世界观和方法论，坚持好、运用好贯穿其中的立场观点方法，不断夯实坚定历史自信、增强历史主动的思想根基，更好从历史长河、时代大潮、全球风云中分析演变机理、探究历史规律，提出战略策略，增强工作的系统性、预见性、创造性，确保党和国家事业在历史前进的逻辑中前进、在时代发展的潮流中发展。新时代必须坚持党的全面领导，坚持中国特色社会主义道路，坚持团结奋斗，坚持贯彻新发展理念，坚持全面从严治党，走好"五个必由之路"。

在坚定文化自信中增强做中国人的志气、骨气、底气。文化是民族生存和发展的重要力量，是民族成员生产、生活的精神营养。深厚的文化底蕴、文化自信铸就了强大的中国精神、中国价值和中国力量，是中华民族几千年来屹立于世界民族之林的强大底气。文化自信是更基础、更广泛、更深厚的自信，是一个国家、一个民族发展中最基本、最深沉、最持久的力量。中华民族能够在几千年的历史长河中生生不息、薪火相传、顽强发展，其中一个重要的原因就是中华民族有一脉相承的精神追求、精神特质、精神脉络。中华文明不仅倡导自强不息、厚德载物等人文精神，而且以开放包容闻名于世，在同其他文明的交流互鉴中不断焕发新的生命力。

文化多样性是人类文明进步的源泉，但文化只有适应时代发展，才能促进文明进步。中华民族在5000多年发展中孕育出的文化，曾是中华各族人民保持志气、骨气和底气的精神动因。近代以来，封建统治者故步自封，导致中国落后于时代潮流。在中国共产党的领导下，我们才开启了正确对待自身传统历史文化的新方式。中国共产党人坚持把马克思列宁主义同中国实际相结合，同中华优秀传统文化相结合，用马克思主义真理的力量激活了中华民族历经几千年创造的伟大文明，使中华文明再次迸发出强大精神力量。在马克思主义指导下，中国共产党人始终是中华优秀传统文化的忠实继承者和弘扬者，以中华优秀传统文化为生长土壤，吸纳人类文明优秀成果，推动中华优秀传统文化创造性转化、创新性发展，使古老的精神文化同现代世界相适应，创造性地形成了革命文化和社会主义先进文化。中华优秀传统文化、革命文化和社会主义先进文化组成的中国特色社会主义文化，是中华文明现代化的凝结升华，共同熏陶、塑造和提升了当代中国人的主体价值、素养个性和文明水平，是增强中国人志气、骨气和底气的文化支撑。

心中装着百姓，手中握有真理，脚踏人间正道，中国共产党人志气更坚、骨气更硬、底气更足。今天，中国已经成为世界第二大经济体，植根于中国独特文化传承的中国特色社会主义制度展现出了显著优势。中华民族伟大复兴进入了不可逆转的历史进程，中国人民更加自信、自立、自强，在历史进程中积累的强大能量充分爆发出来，焕发出前所未有的历史主动精神、历史创造精神，正在信心百倍书写着新时代中国发展的伟大历史。

在以中国式现代化全面推进中华民族伟大复兴的新征程中，形势环境变化之快、改革发展稳定任务之重、矛盾风险挑战之多、我们党治国理政面临的考验之大，都前所未有。只要我们以习近平新时代中国特色社会主义思想为指导，不断增强历史自觉，坚定文化自信，不断增强14亿多中国人的志气、骨气、底气，心往一处想、劲往一处使，拧成一股绳，就一定能够凝聚起实现中华民族伟大复兴的强大中国精神与中国力量，就一定能够创造出更多的人间奇迹，再创中华文明的新辉煌。

> **延伸阅读**

立于产业高质量发展潮头浪尖
广东迎来人口红利向人才红利转变新拐点*

《2022年广东省国民经济和社会发展统计公报》数据显示，2022年广东省户籍人口首次过亿，比2021年增加102.8万人，达到10049.7万人；截至2022年末，广东省常住人口达12656.8万人，成为全国人口第一大省。

广东省处于人口快速发展高位平台期。《广东省新型城镇化规划（2021—2035年）》提到，到2035年广东省将基本实现新型城镇化，全省常住人口城镇化率达到82%。目前，大量流动人口、人才扎根落户广东，彰显广东依然具有强大的人口吸引力。

以人口结构优化助推人才结构升级，高技能人才需求量明显增长。近年来，广东省提出"制造业当家"战略，加大"专精特新"企业培育力度，围绕产业链部署创新链，围绕创新链布局产业链。高质量发展要提高生产效率，人力资本是关键因素。

准确把握人才红利着力点，推动庞大人才数量释放潜力。《广东省促进就业"十四五"规划》从人才分布、人才流动、高层次人才引进等方面提出对优化人才供给结构的要求。相比于其他地区，广东依托粤港澳大湾区建设，在推动人才协同、区域人才协同发展方面有着独特的优势。

人才流动渠道更加畅通，粤港澳人才互通呈现加速趋势。《粤港

---

* 参见《关于产业高质量发展潮头浪尖 广东迎来人口红利向人才红利转变新拐点》，凤凰网，2023年4月20日。编者对内容有所修改。

第一章
中国式现代化是人口规模巨大的现代化

澳大湾区发展规划纲要》中也部署了大量深化机制规则衔接、推动人才要素在湾区内高效便捷流动的任务内容，包括职业资格互认，人才出入境、工作、居住等便利化措施，科研资金使用和管理等。大湾区内地城市对港澳青年来港就业创业的政策更加利好，推动了大湾区内部人才的流动。

适应新时代市场需求变化，近年来，高职院校技能人才就业率较高。截至2023年4月，广东全省技能人才总量达1850万人，其中高技能人才631万人，占比34.1%，为经济社会高质量发展提供了强有力的人才支撑。广东已建成全国规模最大的技工教育体系，共有技工院校148所，在校生65.2万人，约占全国的1/7；面向先进制造业、战略性新兴产业、现代服务业，建设233个省级重点专业和50个特色专业。同时，广东坚持新发展理念，扎实推进高水平人才高地建设，一批科技领军人才和高水平创新团队扎根广东，全职在粤工作的两院院士达135人，全省研发人员数量达130万人。

强大的市场需求、具备竞争力的薪酬、宜居的城市环境、开放包容的地域文化、具备吸引力的人才政策等因素，使广东具备强烈的人才吸引力。2023年以来，广东提出以高质量发展为牵引，扎实推进中国式现代化的广东实践，并聚焦粤港澳大湾区建设、"制造业当家"战略、"百千万工程"、绿美广东生态建设等重点工程持续发力。这些都是广东促进人口结构升级、积极应对人口红利变化的有力举措。

第二章

中国式现代化是全体人民共同富裕的现代化

全体人民共同富裕，发轫于马克思主义的科学真理，植根于中国传统大同社会理想的文化基因，奠基于中国革命、建设、改革的伟大历程，发展于新时代中国特色社会主义的探索实践，是理论逻辑、实践逻辑、历史逻辑的有机统一。

习近平总书记在党的二十大报告中指出："中国式现代化是全体人民共同富裕的现代化。共同富裕是中国特色社会主义的本质要求，也是一个长期的历史过程。"同时强调，到2035年，我国发展的总体目标之一就是使"全体人民共同富裕取得更为明显的实质性进展"。在全面建设社会主义现代化国家新征程上，促进全体人民共同富裕越来越成为一项重大而紧迫的工作任务。中国共产党带领中国人民走出了一条独具特色的中国式共同富裕道路，以人民立场摒弃资本立场、以全体共富取代两极分化、以人的全面发展超越物的片面富裕，为人类共同富裕实践提供了可行的中国方案、中国经验、中国模式。全体人民共同富裕不是少数人的富裕，不是整齐划一的平均主义同等富裕，也不是同时同步富裕。在迈向共同富裕的道路上，需要"坚持以人民为中心的发展思想，在高质量发展中促进共同富裕，正确处理效率和公平的关系，构建初次分配、再分配、三次分配协调配套的基础性制度安排，加大税收、社保、转移支付等调节力度并提高精准性，扩大中等收入群体比重，增加低收入群体收入，合理调节高收入，取缔非法收入，形成中间大、两头小的橄榄型分配结构，促进社会公平正义，促进人的全面发展，使全体人民朝着共同富裕目标扎实迈进"。

第一节
共同富裕是中国式现代化的重要特征

"国之称富者,在乎丰民。"共同富裕是社会主义的本质要求,是人民群众的共同期盼,也是中国共产党人的不懈追求。党的二十大报告深刻阐述了中国式现代化的中国特色,指出实现全体人民共同富裕是中国式现代化的本质要求之一,强调要扎实推进共同富裕。实现全体人民共同富裕,既是中国特色社会主义的本质要求,也是中国式现代化的重要特征,贯穿于中国特色社会主义伟大事业发展进程之中。这是着眼党和国家事业发展全局、立足我国发展新的历史阶段作出的重大战略部署,昭示了新时代中国共产党人深厚的历史自信、高度的历史自觉、强烈的历史主动。

全体人民共同富裕,发轫于马克思主义的科学真理,植根于中国传统大同社会理想的文化基因,奠基于中国革命、建设、改革的伟大历程,发展于新时代中国特色社会主义的探索实践,是理论逻辑、实践逻辑、历史逻辑的有机统一。

一、共同富裕是社会主义的本质要求

马克思、恩格斯创立了唯物史观和剩余价值学说,在此基础上创

立了科学社会主义，推动社会主义从空想走向科学，为共同富裕的实现提供了科学理论的指导。马克思、恩格斯深刻剖析了资本主义的基本矛盾，即资本主义生产社会化与生产资料私人占有的矛盾，揭示了资本主义社会的经济运行规律，从而阐明了资本主义社会产生、发展和最终走向灭亡的命运。与此同时，科学预见了人类社会发展方向，论证了社会主义是比资本主义更先进更优越的社会制度，深刻指出人类社会最终走向共同富裕的社会主义和共产主义社会的未来趋势——"无产阶级的运动是绝大多数人的，为绝大多数人谋利益的独立的运动"①，"生产将以所有的人富裕为目的"②，"给所有的人提供健康而有益的工作，给所有的人提供充裕的物质生活和闲暇时间，给所有的人提供真正的充分的自由"③。后来，列宁在领导俄国十月革命和社会主义建设中对共同富裕问题继续进行探索。他指出，在社会主义制度下，"人人都能在决不掠夺他人劳动的情况下完全达到和保证达到富足的程度"④。

  我国对于社会主义的认识和构建经历了一段漫长而曲折的过程。新中国成立后，中国共产党带领中国人民进行了社会主义建设的初步探索，并在中华大地上建立起了社会主义制度。虽然社会主义建设过程中不可避免地走了一些弯路，但总体上是在曲折中前进的。改革开放后，"什么是社会主义、怎样建设社会主义"是亟待思考和解决的重大理论和现实问题。改革开放后的一段时间内，邓小平并没有明确地阐述"什么是社会主义"，但是他清楚地知道"社会主义不是什

---

① 《马克思恩格斯文集》（第二卷），人民出版社2009年版，第42页。
② 《马克思恩格斯文集》（第八卷），人民出版社2009年版，第200页。
③ 《马克思恩格斯全集》（第二十八卷），人民出版社2018年版，第652页。
④ 《列宁全集》（第三十五卷），人民出版社2017年版，第470页。

第二章
中国式现代化是全体人民共同富裕的现代化

么"。他提出贫穷不是社会主义，发展太慢也不是社会主义；平均主义不是社会主义，两极分化也不是社会主义；僵化封闭不是社会主义，照搬外国也不能发展社会主义；没有民主就没有社会主义，没有法制也没有社会主义；不重视物质文明搞不好社会主义，不重视精神文明也搞不好社会主义等观念。这大大提高了党和人民对社会主义的认识水平。1980年5月，邓小平指出："社会主义是一个很好的名词，但是如果搞不好，不能正确理解，不能采取正确的政策，那就体现不出社会主义的本质。"①随后，他又多次提及"社会主义的本质"概念。1992年，邓小平南方谈话时对社会主义的本质作出了科学概括，即"解放生产力，发展生产力，消灭剥削，消除两极分化，最终达到共同富裕"。中国特色社会主义新时代，发展生产力的目的是满足人民群众日益增长的美好生活需要。社会主义经济制度以公有制和按劳分配为主体，既有利于解放生产力、发展生产力，也为实现共同富裕创造了物质条件。在生产力不断发展的基础上，社会主义的本质要求是使全国人民的生活都好起来。不发展生产力，人民生活处在贫穷状态，就不是社会主义。同时，如果不坚持共同富裕原则，生产力虽有发展，却会出现两极分化，也不能体现出社会主义的本质。因此，习近平总书记多次强调，"中国特色社会主义是社会主义而不是其他什么主义，科学社会主义基本原则不能丢，丢了就不是社会主义"②。共同富裕是中国特色社会主义的根本原则，实现共同富裕是中国共产党领导和中国社会主义制度的本质要求。

社会主义与共同富裕是内在统一、相辅相成的，要实现共同富裕就必须坚持社会主义道路，否则共同富裕就失去了实现路径和科学理

---

① 《邓小平文选》（第二卷），人民出版社1994年版，第313页。
② 《习近平著作选读》（第一卷），人民出版社2023年版，第75页。

论的指引，只能沦为"空想"；而要坚持走中国特色社会主义道路，必然要求逐步实现共同富裕，否则，中国特色社会主义就会得不到最广泛人民群众的大力支持而丧失根基。"共同富裕"始终在"社会主义本质"层面得以强调，这也是社会主义现代化区别于资本主义现代化的重要标志。

二、共同富裕是人民群众的共同期盼

习近平总书记指出："一部中国史，就是一部中华民族同贫困作斗争的历史。"①共同富裕自古以来就是人民群众的殷切期盼和夙愿，是中华民族赓续传承的崇高理想，寄托着人们对幸福美好的憧憬与向往。而文化是一个民族内在的精神基因和外在的精神标识，是一个民族根本的价值依托和力量源泉。共同富裕的思想就深深熔铸于中华优秀传统文化之中，流淌在中华民族上下五千年的历史长河里，传递着中华儿女的共同心愿和豪情壮志，凝练着人们孜孜以求的美好社会理想。中华优秀传统文化映照又引领了共同富裕的价值诉求。共同富裕是中华民族固有的基因和潜质，是中华优秀传统文化中的思想在今天的现实折射。这是中国这块土地上独有的历史文化逻辑。在现代化征程上坚定不移走共同富裕道路，在中国具有深厚的历史渊源和思想基础。中华优秀传统文化中"讲仁爱、重民本、守诚信、崇正义、尚和合、求大同"等源远流长的思想，为涵育共同富裕的社会主义价值立场、价值追求提供了重要的价值源泉。

早在先秦时期，《诗经·大雅·民劳》便提出了"民亦劳止，汔可小康"的小康社会理念。这是中国古代蕴含共同富裕思想的最早论

---

① 《习近平谈治国理政》（第四卷），外文出版社2022年版，第126页。

第二章
中国式现代化是全体人民共同富裕的现代化

述。儒家典籍《礼记·礼运》绘制了一幅"大道之行，天下为公"的"大同"社会的秀丽图景和实现路径，蕴含着共同富裕的思想雏形。在这个百家争鸣的时代，诸子从不同角度提出的主张，传递着对富裕、和谐、安宁社会的向往，诸如孔子"不患寡而患不均"的警句、晏子"权有无，均贫富"的忠言、管仲"甚富不可使，甚贫不知耻""富能夺，贫能予""以天下之财，利天下之人"的治国理念、商鞅"令贫者富，富者贫"的设想、韩非子"论其税赋以均贫富"的追求、墨子"分财不敢不均"的论点、老子"损有余而补不足"的哲思等等。往后历朝历代，都有不同思想家对贫富分化现象进行思考，并阐述自己关于处理贫富关系和调节贫富差距的认识和见解。从两汉时期董仲舒的"调均贫富""贫富有度"、司马迁的"贫富之道，莫之夺予"，到唐宋时期陆贽的"安富恤穷"、李觏的"平土均田"、王安石的"抑豪强、伸贫弱"、张载的"井地治天下"、"二程"的"正经界、均井田"，再到元明清时期丘濬的"保富安贫"、王夫之的"均天下"等等，这些思想主张一脉相承，反映了消灭差别、追求平等的原始理想，闪烁着共同富裕的美好愿景。而中国历代农民起义提出的"均贫富""苟富贵，勿相忘""除霸安民、劫富济贫""均田免赋""有田同耕，有饭同食，有衣同穿，有钱同使，无处不均匀，无人不饱暖"等口号，也都体现了对共同富裕的诉求，反映了中国传统文化的价值理念。

晚清民国以降，由于西方列强的入侵和封建统治的腐败，中国逐步沦为半殖民地半封建社会，国家蒙难、人民蒙辱、文明蒙尘，中华民族遭受了前所未有的深重苦难，民族独立、人民解放尚不可得，国家富强、人民幸福更无从谈起。旧民主主义革命时期，革命先驱孙中山先生提出"三民主义"，将改善民生摆在重要位置，试图建立起一个"四海之内无一夫不获其所"的新社会。但是，旧式的资产阶级民主革命，在阶级属性、制度设计、实践路径上都注定和共同富裕理想背道而驰，无法承担起带领中国走向国家富强、民族复兴、人民幸福的历史重任。

以上种种思想都孕育于奴隶社会、封建社会、资本主义社会的生产资料私有制中，纵使美好，受时代和历史的局限，不可能开辟出实现共同富裕的道路，加之落后生产力的限制、缺乏科学理论的指导，共同富裕只能是一种空想。但是，这些思想在浩瀚历史长河中接续传承、延绵不绝，始终星光灿烂、交相辉映，与马克思主义科学社会主义的基本原则、社会主义的本质具有理论的一贯性和实质的一致性，并且在价值观念上相通相融，为马克思主义中国化、时代化，为马克思主义基本原理同中国具体实际相结合、同中华优秀传统文化相结合提供了广袤土壤和丰厚滋养，是当代中国开拓、实践共同富裕的源头活水。习近平总书记指出："回顾历史，支撑我们这个古老民族走到今天的，支撑五千多年中华文明延绵至今的，是植根于中华民族血脉深处的文化基因。"①共同富裕延续着中华优秀传统文化所蕴含的社会理想，如今我们推动中华优秀传统文化创造性转化、创新性发展，也能够为当代共同富裕实践汇聚共识、凝聚力量，提供生生不息的思想滋养。

三、共同富裕是中国共产党人的不懈追求

"治国之道，富民为始。"马克思主义致力于人的自由而全面的发展，以马克思主义为指导的中国共产党始终将人民写在自己的旗帜

---

① 中共中央党史和文献研究院编：《十九大以来重要文献选编》（上），中央文献出版社2019年版，第109页。

第二章
中国式现代化是全体人民共同富裕的现代化

上,把实现共产主义确立为最高理想,始终沿着共同富裕的康庄大道开拓前行。"为中国人民谋幸福"是中国共产党人一以贯之的初心使命和亘古不变的永恒追求,"实现全体人民共同富裕"是中国共产党人矢志不渝的奋斗目标和庄严承诺。中国共产党是中国人民和中华民族的先锋队,始终代表着最广大人民的根本利益。百余年来,中国共产党带领中国人民踔厉奋发、笃行不怠,为消除贫困、改善民生、创造美好生活进行了长期艰辛努力。围绕着实现中华民族伟大复兴主题,对共同富裕的实践探索与理论思考贯穿了中国革命、建设、改革的全过程。一部中国共产党党史,也是一部共同富裕的探索史,一代代共产党人前仆后继,在实践中兑现对人民的承诺。实现共同富裕不仅是经济问题,而且是关乎党的性质和根本宗旨、关乎中国共产党的奋斗目标、关乎中国共产党的执政基础的重大政治问题。

中国共产党诞生于中华民族生死危亡之际,成立于帝国主义、封建主义、官僚资本主义重重压迫下的半殖民地半封建中国。在那个国弱民穷、贫富分化的年代里,早期信仰马克思主义的先进分子在为建党和救亡图存的奔走中,为了争取民族独立和人民解放,学习、研究、宣传马克思主义,逐渐萌生了"共同富裕"的思想。陈独秀于1915年9月在《青年杂志》创刊号上刊发的《法兰西人与近世文明》中提出,"财产私有制虽不克因之遽废,然各国之执政及富豪,恍然于贫富之度过差,决非社会之福"[①]。

中国共产党是中国工人阶级的先锋队,同时是中国人民和中华民族的先锋队。中国共产党自诞生之日起,就把马克思主义写在自己的旗帜上,把实现共产主义确立为最高理想,把为中国人民谋幸福、为中华民族谋复兴作为初心使命,团结带领中国人民为创造自己的美好

---

① 《陈独秀文集》(第一卷),人民出版社2013年版,第99页。

生活，为消除贫困、改善民生、实现共同富裕进行了长期艰辛奋斗。中国共产党成立之时通过的《中国共产党第一个纲领》就指出，"我们党的纲领如下：……（2）直至阶级斗争结束为止，即直到社会的阶级区分消灭为止，承认无产阶级专政；（3）消灭资本家私有制，没收机器、土地、厂房和半成品等生产资料"①。这里明确提出中国共产党的纲领是消灭阶级区分和消灭资本家私有制，而这也是中国共产党带领中国人民实现共同富裕的基础前提。李大钊曾阐述社会主义的定义、历史和特点等，指出"社会主义是要富的，不是要穷的"②，"社会主义不是使人尽富或皆贫，是使生产、消费、分配适合的发展，人人均能享受平均的供给，得最大的幸福"③。新民主主义革命时期，面对农民占全国人口的绝大多数的基本国情，从土地革命战争时期的土地革命，到抗日战争时期的减租减息，再到解放战争时期的土地改革，中国共产党团结带领广大农民"打土豪、分田地"，实行"耕者有其田"，帮助穷苦人翻身得解放，让人民摆脱贫困、过上了好日子，也赢得了人民群众的广泛拥护、支持和爱戴，夺取了中国革命的胜利，推翻了压在中国人民头上的"三座大山"，彻底结束了旧中国半殖民地半封建社会的历史，废除了帝国主义在中国的一切特权，实现了民族独立和人民解放，彻底改变了近代以后中国积贫积弱、受人欺凌的悲惨命运，建立了新中国，实现了人民当家作主和中国从几千年封建专制政治向人民民主的伟大飞跃，为摆脱贫穷

---

① 中共中央党校党史教研室选编：《中共党史参考资料（一）》（党的创立时期），人民出版社1979年版，第279页。

② 中国李大钊研究会编注：《李大钊全集》（第四卷），人民出版社2013年版，第458页。

③ 中国李大钊研究会编注：《李大钊全集》（第四卷），人民出版社2013年版，第246页。

第二章
中国式现代化是全体人民共同富裕的现代化

落后、实现共同富裕创造了根本政治条件,积累了宝贵经验。在革命战争年代,中国共产党人紧紧地把救亡图存的政治斗争和以土地革命为重点的经济斗争紧密结合起来,从而开启了中国共产党带领中国人民探索实现共同富裕的第一步。

中华人民共和国成立以来,中国共产党团结带领广大人民在恢复和发展国民经济的基础上,适时进行生产资料的社会主义改造,消灭一切剥削制度,确立了社会主义基本制度,完成了中华民族有史以来最为广泛而深刻的社会变革,为实现共同富裕奠定了根本政治前提和初步的制度基础。与此同时,还开展大规模社会主义建设,建立起独立的比较完整的工业和国民经济体系,逐步改变了"一穷二白"的贫穷落后面貌,为实现共同富裕奠定了初步的物质基础。毛泽东是"共同富裕"的最早倡导者和积极实践者。社会主义革命和建设时期,以毛泽东同志为主要代表的中国共产党人积极探索社会主义现代化道路,就共同富裕问题提出了一系列具有独创性的观点,极大地推动了马克思主义共同富裕思想的深化发展。1953年12月,中共中央通过的《关于发展农业生产合作社的决议》明确提出,党在农村中工作的最根本的任务之一,就是"使农民能够逐步完全摆脱贫困的状况而取得共同富裕和普遍繁荣的生活"[1],这也是"共同富裕"这个词在党的正式文献中首次被提及。1955年10月29日,毛泽东同志在资本主义工商业社会主义改造问题座谈会上明确提出,"现在我们实行这么一种制度,这么一种计划,是可以一年一年走向更富更强的,一年一年可以看到更富更强些。而这个富,是共同的富,这个强,是共同的

---

[1] 中共中央文献研究室编:《建国以来重要文献选编》(第四册),中央文献出版社1993年版,第662页。

强"①。他还针对农村开始出现"新富农"和贫农分化的现象强调，要"在农村中消灭富农经济制度和个体经济制度，使全体农村人民共同富裕起来"②。毛泽东同志强调，要实现共同富裕必须走社会主义道路。他在党的七届六中全会上作关于农业合作化问题的报告，指出，"要巩固工农联盟，我们就得领导农民走社会主义道路，使农民群众共同富裕起来"③。

改革开放和社会主义现代化建设新时期，以邓小平同志为代表的中国共产党人创造性回答了"什么是社会主义、怎样建设社会主义"的时代课题，坚持解放思想、实事求是的思想路线，开启了社会主义现代化建设新时期党对共同富裕新的理论思考和实践探索。邓小平提出了共同富裕的构想："一部分地区有条件先发展起来，一部分地区发展慢点，先发展起来的地区带动后发展的地区，最终达到共同富裕。"④他深刻指出："社会主义最大的优越性就是共同富裕，这是体现社会主义本质的一个东西。"⑤

以江泽民同志为代表的中国共产党人与时俱进地继承和发展了邓小平有关共同富裕的思想，强调"实现共同富裕是社会主义的根本原则和本质特征，绝不能动摇"⑥。"三个代表"重要思想加深了对"什么是社会主义、怎样建设社会主义"的认识，实质上也是对实现"什么样的共同富裕"的认识深化。同时，在世界社会主义曲折发展

---

① 《毛泽东文集》（第六卷），人民出版社1999年版，第495页。
② 《毛泽东文集》（第六卷），人民出版社1999年版，第437页。
③ 中共中央文献研究室编：《建国以来重要文献选编》（第七册），中央文献出版社1993年版，第308页。
④ 《邓小平文选》（第三卷），人民出版社1993年版，第374页。
⑤ 《邓小平文选》（第三卷），人民出版社1993年版，第364页。
⑥ 《江泽民文选》（第一卷），人民出版社2006年版，第466页。

第二章
中国式现代化是全体人民共同富裕的现代化

的国际形势下,我国确立了社会主义初级阶段的基本经济制度,首次提出"效率优先、兼顾公平"的分配原则,坚持按劳分配为主体、多种分配方式并存的分配制度,同时全面加强扶贫工作,探索形成了开发式、改革创新、科教先行、协调发展、可持续发展等多元扶贫模式,为改革开放和推进共同富裕开创了新局面。经过长期努力,我国在新千年伊始实现了全民总体小康的目标。党的十六大以后,如何解决我国经济社会发展的不平衡、不协调、不可持续问题,成为党接续推进共同富裕更好实现所面临的严峻考验。中国共产党人以科学发展观回应了共同富裕中如何发展的问题,并以"全面协调可持续"拓展了共同富裕的内容和领域,成功地在世纪之交坚持和发展了中国特色的共同富裕之路。胡锦涛同志要求,"使全体人民共享改革发展成果,使全体人民朝着共同富裕的方向稳步前进"①,并开始着力解决"三农"问题和社会公平正义问题。

党的十八大以来,中国特色社会主义进入新时代。以习近平同志为核心的党中央把握发展阶段新变化,把逐步实现全体人民共同富裕摆在更加重要的位置,推动区域协调发展,采取有力措施保障和改善民生,打赢脱贫攻坚战,全面建成小康社会,开启全面建成社会主义现代化强国新征程,为促进共同富裕创造了良好条件。我们坚持和发展中国特色社会主义,推动物质文明、政治文明、精神文明、社会文明、生态文明协调发展,创造了中国式现代化新道路,创造了人类文明新形态。习近平总书记指出,我国的现代化是"全体人民共同富裕的现代化"。在庆祝中国共产党成立100周年大会上,习近平总书记庄严宣告,"经过全党全国各族人民持续奋斗,我们实现了第一个百年奋斗目标,在中华大地上全面建成了小康社会,历史性地解决了绝

---

① 《胡锦涛文选》(第二卷),人民出版社2016年版,第291页。

对贫困问题，正在意气风发向着全面建成社会主义现代化强国的第二个百年奋斗目标迈进"[1]。在新征程上，中国共产党人开始聚焦聚力"人的全面发展、全体人民共同富裕取得更为明显的实质性进展"[2]。社会发展已经到了扎实推动共同富裕的历史阶段，实现全体人民共同富裕已从科学构想变为现实行动。新时代以来，我国社会主要矛盾已转化为人民日益增长的美好生活需要和不平衡不充分的发展之间的矛盾。这反映了我国社会发展的巨大进步，也要求我们更好满足人民日益增长的美好生活需要。人民对美好生活的向往就是我们的奋斗目标，让老百姓过上好日子是中国共产党一切工作的出发点和落脚点。补齐民生保障短板、解决好人民群众急难愁盼问题，仍然是我们党面临的紧迫任务。共同富裕承载了人民对美好生活的向往和期盼，是中国共产党人践行初心使命的重要着力点。

江山就是人民，人民就是江山。共同富裕一头连着中华民族的"大梦想"，一头连着每个家庭、每个中国人的"小日子"。共同富裕是百年来一代代中国共产党人的美好愿望与不懈追求。如今，中国共产党带领中国人民完成全面建成小康社会、消除绝对贫困和整体性贫困的历史壮举后，又踏上共同富裕的新征程。一幅人人参与、人人尽力、人人享有的共同富裕新图景正在中华大地上逐渐成为现实。

---

[1] 习近平：《在庆祝中国共产党成立100周年大会上的讲话》，人民出版社2021年版，第2页。

[2]《中共中央关于制定国民经济和社会发展第十四个五年规划和二〇三五年远景目标的建议》，人民出版社2020年版，第5页。

第二节
全体人民共同富裕是一个总体概念

全体人民共同富裕是一个总体概念。共同富裕是14亿多全体中国人民的共同富裕，是全体人民都过上幸福美好的生活，不是少数人的富裕；共同富裕不是整齐划一的平均主义同等富裕，不追求收入和财富的平均，人们实现富裕的程度会有高低；共同富裕也不是同时同步富裕，不同人群、不同地区因其自身条件的差别，实现富裕的时间会有先后，要允许一部分人先富起来，再通过先富带后富、帮后富，最终实现共同富裕。实现14亿多人共同富裕，是一个在动态中向前发展的长期历史过程，要在充分估计其长期性、艰巨性、复杂性的基础上，坚持稳扎稳打、循序渐进、持续推进。所以，实现共同富裕"等不得""慢不得"，同时却也"急不得"。

一、共同富裕不是少数人的富裕

共同富裕是对全社会而言的，是14亿多全体中国人民的共同富裕。习近平总书记指出，"像全面建成小康社会一样，全体人民共同富裕是一个总体概念，是对全社会而言的，不要分成城市一块、农村一块，或者东部、中部、西部地区各一块，各提各的指标，要从全局上来看"①。习近平总书记铿锵有力的论断，深刻指明了共同富裕的全民属性和总体概念。扎实推动共同富裕，其着眼点、出发点、落脚点应该是也必须是"全体人民"。

中国共产党是扎实推动共同富裕的坚强领导核心。作为始终代表无产阶级利益的中国共产党"区别于其他任何政党的又一个显著的标志，就是和最广大的人民群众取得最密切的联系。全心全意地为人民服务，一刻也不脱离群众；一切从人民的利益出发，而不是从个人或小集团的利益出发；向人民负责和向党的领导机关负责的一致性"②。"中国共产党根基在人民、血脉在人民、力量在人民。中国共产党始终代表最广大人民根本利益，与人民休戚与共、生死相依，没有任何自己特殊的利益，从来不代表任何利益集团、任何权势团体、任何特权阶层的利益。"③作为共同富裕领导核心的中国共产党，其性质宗旨就决定了共同富裕不是少数人的富裕，而是全体人民的共同富裕，在共同富裕的道路上一个也不能少。

共同富裕不是一部分人、一部分地区的富裕，不是特殊阶层、两极分化的富裕。就覆盖面而言，是涵盖全体人民的共同富裕，是不同民族、不同区域、不同行业、不同阶层的全体人民都享有的富裕，要求全体人民都过上幸福美好的生活，共享改革发展成果，幼有所育、学有所教、劳有所得、病有所医、老有所养、住有所居、弱有所扶。共同富裕要求全体社会成员都能拥有满足其美好生活需要的各种生产资料和生活资料。与此同时，共同富裕也不是总量富裕、人均富裕，而是一种全体人民收入水平普遍较高但收入差距保持在较小水平的富

---

① 《习近平谈治国理政》（第四卷），外文出版社2022年版，第146页。
② 《毛泽东选集》（第三卷），人民出版社1991年版，第1094—1095页。
③ 《习近平谈治国理政》（第四卷），外文出版社2022年版，第9页。

第二章
中国式现代化是全体人民共同富裕的现代化

裕。如果多数财富掌握在少数人手中，将出现社会中多数人的收入"被平均"后拔高的"伪富"现象，这不是共同富裕的状态。共同富裕是全体人民的共同富裕，无论是城市或是农村，无论是发达地区抑或是欠发达地区，都要富裕起来。中国富裕的版图上缺少任何一个地区，都不能算实现了全体人民共同富裕。正如"全面小康路上一个都不能少"一样，实现共同富裕的路上同样"一个都不能掉队"。改革开放以来，我们党从实际出发，允许一部分人、一部分地区通过诚实劳动和合法经营先富起来，但这并不意味着忽视了共同富裕的全民性，而是鼓励先富起来的人和地区带后富、帮后富，激发各方面的活力，不断解放和发展生产力，不断提高人民生活水平，不断提升收入水平，不断缩小收入差距，坚决反对和防止两极分化现象，最终实现共同富裕。

共同富裕不是少数人的富裕，每个人都是共同富裕的受益者、享有者，与此同时也是参与者、贡献者、创造者。人民是历史的创造者，是推动共同富裕的主体，是社会发展的决定性力量。实现全体人民共同富裕是一项前无古人的浩大工程，既不会从天而降，也不会凭空产生，不是幻想出来的，也不是"躺平"躺出来的。共同富裕的实现需要全体人民齐心协力、辛勤劳动、团结互助、共同打拼，人人参与、人人尽力，共同担负起推动经济社会发展的责任，创造更多的物质财富，提供更多可共享的成果。每个人都是共同富裕的主体，共同富裕也是全体人民共享发展成果的富裕。发展成果由人民创造，理应由全体人民公平拥有、共同分享，从而使人人都有更有保障、更可持续的获得感、幸福感和安全感。

1858年，穷困潦倒的马克思在《政治经济学批判（1857—1858年手稿）》中写下了对未来社会的美好憧憬，"社会生产力的发展将如此迅速，以致尽管生产将以所有的人富裕为目的，所有的人的可自由支配的时间还是会增加"①。列宁曾经指出，在社会主义社会中，"共同劳动的成果不应该归一小撮富人享受，应该归全体劳动者享受"②。在中华人民共和国成立之后，毛泽东同志提出了"共同富裕"的奋斗目标，指出"现在我们实行这么一种制度，这么一种计划，是可以一年一年走向更富更强的，一年一年可以看到更富更强些。而这个富，是共同的富，这个强，是共同的强，大家都有份"③，要建立一个"大家一起共同富裕起来"④的新社会。改革开放后，邓小平同志说："共同致富，我们从改革一开始就讲，将来总有一天要成为中心课题。社会主义不是少数人富起来、大多数人穷，不是那个样子。社会主义最大的优越性就是共同富裕，这是体现社会主义本质的一个东西。"⑤现如今，他们曾经设想的美好社会样态，他们理想中全体人民的共同富裕，正在21世纪的新时代中国逐渐成为现实。

二、共同富裕不是整齐划一的平均主义同等富裕

共同富裕不是整齐划一的平均主义同等富裕，不是均等富裕，不是追求绝对平等、"吃大锅饭"，不是简单地"削峰填谷""劫富济贫"，也不是社会财富平均分配、劳动成果利益均沾，更不是彻底消除差距、完全抹杀差别的绝对平均主义，而是在全体社会成员的生活水平都达到富裕的基础上，将富裕的程度差别控制在合理的区间范围

---

① 《马克思恩格斯文集》（第八卷），人民出版社2009年版，第200页。
② 《列宁全集》（第七卷），人民出版社2013年版，第112页。
③ 《毛泽东文集》（第六卷），人民出版社1999年版，第495页。
④ 《毛泽东文集》（第六卷），人民出版社1999年版，第490页。
⑤ 《邓小平文选》（第三卷），人民出版社1993年版，第364页。

第二章
中国式现代化是全体人民共同富裕的现代化

内。这种差距是人们心理上可接受的差距。合理的差距既是压力，也是动力，会激发人们干事创业、向更高富裕程度迈进的活力与创造力，从而进一步缩小整个社会的贫富差距，实现全体人民的共同富裕。

我国有约960万平方公里的辽阔疆域和14亿多的人口，从宏观上看，不同区域经济社会发展状况、拥有的资源禀赋、所处的发展阶段各异；从微观上看，每个人的分工、能力、天赋、产权、占有的生产资料各异，人们之间的富裕程度差别会因分配之间的差距而客观存在。在共同富裕的道路上，不能忽视具体情况而要求不同区域、不同人群都达到同等的收入和生活水平，否则会极大地挫伤劳动者的积极性，从而严重阻碍生产力的发展，最终陷入共同落后、共同贫穷的一潭死水。

事实证明，允许适当、合理的差距存在，有利于促进市场竞争、激发创造财富的热情。平均主义只会"养懒汉"、遏制社会进步，让人们丧失积极性和创造力，并对生产力造成负面影响，不仅不会使社会财富增长，反而会使其倒退。平均主义是指在小生产基础上产生的要求平均享有社会财富的思想，脱离生产力发展的极端平均主义只能导致共同贫穷。平均主义既不利于解放和发展生产力，也不利于贯彻按劳分配的社会主义分配原则，更不利于实现社会主义生产目的。毛泽东同志在1929年12月发表的《关于纠正党内的错误思想》中明确指出，"绝对平均主义不但在资本主义没有消灭的时期，只是农民小资产者的一种幻想；就是在社会主义时期，物质的分配也要按照'各尽所能按劳取酬'的原则和工作的需要，决无所谓绝对的平均"[1]。提起平均主义，很容易让人联想起古人提出的"均贫富"的朴素思

---

[1]《毛泽东选集》（第一卷），人民出版社1991年版，第91页。

想,以及历史上农民起义军提出的"均田""均富"的豪迈口号,包括20世纪五六十年代我国在生产力尚且落后、对社会主义建设规律认识不到位的条件下,盲目地搞"一大二公"等"吃平均主义大锅饭"的冒进主义做法。这严重影响了劳动者的积极性,也违背了生产力发展规律,走了一些弯路,留下了深刻的历史教训。搞平均主义,吃"大锅饭",实际上是共同落后、共同贫穷、平均贫困。

我们追求的共同富裕不是整齐划一平均主义的同等富裕,而是在"允许一部分人先富起来,先富带后富、帮后富"的原则下,建立科学的公共政策体系,把"蛋糕"分好,形成人人享有的合理分配格局。促进共同富裕不是要"打土豪、分田地""劫富济贫""削峰填谷",而是在持续不断地做大"蛋糕"的基础上分好"蛋糕",厚植共同富裕基础,实现普遍富裕基础上的差别富裕,在承认差别的基础上,构建高收入者和低收入者占少数、中等收入群体占大多数的中间大、两头小的橄榄型收入分配格局。在这样的社会结构之下,虽然还会有一部分人收入相对较高、一部分人收入相对略低,但富裕的总体水平很高,收入差距也被控制在合理的区间内,能够持续增强人民群众的幸福感、获得感、满足感,使得社会更稳定、更具活力。

习近平总书记指出:"中国要实现共同富裕,但不是搞平均主义,而是要先把'蛋糕'做大,然后通过合理的制度安排把'蛋糕'分好,水涨船高、各得其所,让发展成果更多更公平惠及全体人民。"[1]现如今,那种寄希望于坐享其成、不劳而获,企图从"平均主义大锅饭"中分一杯羹或希冀"天上掉馅饼"的制度和做法,已经一去不复返。共同富裕不是"养懒汉",而是要共建共享。

---

[1] 习近平:《坚定信心 勇毅前行 共创后疫情时代美好世界——在2022年世界经济论坛视频会议的演讲》,人民出版社2022年版,第9页。

三、共同富裕不是同时同步富裕

习近平总书记指出:"我们要实现14亿人共同富裕,必须脚踏实地、久久为功,不是所有人都同时富裕,也不是所有地区同时达到一个富裕水准,不同人群不仅实现富裕的程度有高有低,时间上也会有先有后,不同地区富裕程度还会存在一定差异,不可能齐头并进。"①共同富裕是人民群众的美好期盼,但是共同富裕既不可能一蹴而就,也不是敲锣打鼓轻轻松松就能梦想成真,必须从实际出发,脚踏实地,付出极大努力,在克服不平衡不充分发展的过程中,分阶段分步骤逐步实现。共同富裕不是没有差别的同时富裕、同步富裕,而是一个长期的历史过程,是以先富带后富、帮后富,分阶段、有适度差距,从局部到整体、从量变到质变的全过程逐步富裕、全程富裕,是一个在动态中不断向前发展的过程。

从时间维度看,共同富裕的实现在时间上有先有后,并不是同时富裕。中国幅员辽阔、人口众多,各地情况千差万别,发展不平衡不充分的问题还比较突出,区域差距、城乡差距、收入差距都将在一定程度上长期存在。目前中国拥有全球规模最大、最具成长性的中等收入群体,这是推动实现全体人民共同富裕所具备的良好基础。但与此同时,革命老区、少数民族地区、边疆地区及农村地区的发展水平已明显滞后于经济发达地区。其中,尤以农村地区经济社会发展严重滞后的矛盾最为尖锐,这也是推动共同富裕最为困难的地方。从劳动者个体角度看,不同的劳动者存在智力、体力、技能的差别,因而创造

---

① 《习近平谈治国理政》(第四卷),外文出版社2022年版,第146—147页。

财富的能力不尽相同，获得的收入也不尽相同，这决定了在达到共同富裕的时间上有先有后，因此要克服平均主义的错误思想，不能"一刀切"，更不能"劫富济贫"。从各个地区看，各地经济社会发展现状和基础、自然条件、历史文化积淀不尽一致，资源分布不均、科技教育水平高低不同、现有的发展程度不同，必然会出现发展速度、发展程度、发展水平的差异，在客观上形成了先发地区和后发地区并存的发展格局，在实现共同富裕的道路上呈现出步子有快有慢的差别。所以共同富裕"急不得"，不能要求东西南北中齐头并进、齐步迈向共同富裕。

当前，我国已开启全面建设社会主义现代化国家新征程。2021年5月，《中共中央国务院关于支持浙江高质量发展建设共同富裕示范区的意见》公布，旨在为推动共同富裕提供省域示范。之所以采取这种试点先行、稳步推进的方式，就是考虑到我国发展不平衡不充分问题仍然突出，各地区推动共同富裕的基础和条件不尽相同，需要选取部分地区先行先试、作出示范。由此可见，我们既要看到共同富裕是最终目标，因此要激发尽力而为的干劲、久久为功的韧性，也要认识到共同富裕是一项长期艰巨的任务，因此要有量力而行的理性、稳中求进的务实，不因目标长远而消极懈怠，也不因过程漫长而拔苗助长，既打好攻坚战，也打好持久战，这样才能逐步实现共同富裕。

第三节

人类共同富裕实践的中国方案

贫穷是人类社会的顽疾，是阻碍文明进步的绊脚石，也是世界各国面临的最棘手的问题之一，而富裕是各国现代化追求的普遍目标。共同富裕是一个世界性课题，同样也是一个世界性难题，目前还没有哪个国家可以给出完美的答案。中国式现代化道路不仅深刻展示了马克思主义理论所揭示的人类社会发展的一般规律，也深刻彰显了人类现代化道路的多元图景，论证了基于本国国情进行现代化建设的可行性。如今，我们已经走出了一条独具特色的共同富裕道路，为人类共同富裕实践提供了可行的中国方案、中国经验。共同富裕是社会主义现代化区别于资本主义现代化的显著标志，是对资本主义制度和西方现代化道路的价值超越。

新时代新征程上，坚持走好中国式现代化道路，需要推动全体人民共同富裕取得更加显著的实质性进展。这条道路以人民立场摒弃资本立场，以共同富裕取代剥削和两极分化，打破了西方式现代化视域下财富向少数人集中并产生财富鸿沟、"中等收入陷阱"等问题的历史"宿命"。这条道路是彰显中国智慧、中国风格、中国特色的道路，不仅使中国人民享受到了实实在在的发展利益，也为世界上想独立发展的发展中国家提供了全新选择。所以，中国实现全体人民共同富裕的实践探索，不仅造福本国人民，还惠及世界。

一、以人民立场摒弃资本立场

相较于西方资本主义文明以资本为轴心，一边是财富积累，另一边是贫困积累，中国式现代化的比较优势在于始终坚持以人民为中心的发展思想。正是因为坚持这一原则，我们才能在促进经济增长的同时，以举国之力完成了人类历史上前无古人的脱贫攻坚事业，为实现共同富裕的中国式现代化奠定了坚实基础。

全体人民共同富裕的现代化是以人民立场摒弃资本立场的现代化。共同富裕是社会主义的本质要求，也是中国特色社会主义现代化道路与西方现代化道路的显著区别，更是中国特色社会主义制度优势的体现，是中国特色社会主义现代化道路对西方现代化道路的超越。正如邓小平所强调的，我们要通过实践"让发达的资本主义国家的人民认识到，社会主义确实比资本主义好"[1]。中国特色社会主义道路是实现社会主义现代化的必由之路，它既遵循现代化的一般规律，又拓展了发展中国家走向现代化的途径。

工业革命以来，依靠对外掠夺、殖民方式完成资本原始积累的西方国家开启了以工业化为特征的现代化进程。在走向现代化的进程中，西方现代化立足资本立场、遵循资本逻辑，以资本为原则导向，以生产资料私有制和追求利润最大化为特征，以私人财富积累为目标，听命于资本、受控于资本，也服务于资本，虽然追求富裕，但是

---

[1] 中共中央文献研究室编：《邓小平年谱（1975—1997）》（下），中央文献出版社2004年版，第1255页。

第二章
中国式现代化是全体人民共同富裕的现代化

资本"从头到脚,每个毛孔都滴着血和肮脏的东西"①,造成了资本与劳动的对立、人与人的对立,决定了西方资本主义现代化"是少数人的,或者为少数人谋利益的运动"②,是资产阶级为了保障自身利益和财产所必要且必然采取的形式,结果只能是少数人的富裕、资产阶级的富裕,而不能是全体人民的富裕。马克思指出,"资本只有一种生活本能,这就是增殖自身,创造剩余价值"③。在以资本为中心的框架下,西方式现代化的本质是"以物为本"。这样唯资本马首是瞻、无视人民福祉的社会虽然创造了光辉灿烂的文明,但是无产阶级和广大劳动者处于被压迫、被剥削、被统治的地位,被剥夺了走向富裕、奔向现代化的权利,这势必会带来发展动力不足、两极分化、周期性危机等一系列社会问题,而这也是资本主义发展的必然结果。

中国式现代化是以人民为中心的现代化,不同于西方现代化遵从资本意志、服务少数资本所有者利益的资本中心逻辑。人民立场是马克思主义的根本立场,高举马克思主义伟大旗帜的中国共产党领导中国人民进行共同富裕实践,站在最广大人民的立场上,始终代表最广大人民的根本利益,牢固树立"人民至上"的理念,秉持"以人为本"的发展逻辑,贯彻以人民为中心的发展思想,牢记"相信谁""为了谁""依靠谁"的价值取向,维护人民根本利益,增进民生福祉,做到发展为了人民、发展依靠人民、发展成果由人民共享,着眼于满足人民日益增长的美好生活需要,在扎实推进共同富裕中坚持人民至上,紧紧依靠人民、不断造福人民,走出了一条有别于西方"以资本为中心"的现代化发展之路,人民群众获得感、幸福感、安全感

---

① 《马克思恩格斯文集》(第五卷),人民出版社2009年版,第871页。
② 《马克思恩格斯选集》(第一卷),人民出版社2012年版,第411页。
③ 《马克思恩格斯文集》(第五卷),人民出版社2009年版,第269页。

更加充实、更有保障、更可持续，共同富裕取得新成效。

二、以全体共富取代两极分化

全体人民共同富裕的现代化是以全体人民共同富裕取代两极分化的现代化。习近平总书记指出："一些发达国家工业化搞了几百年，但由于社会制度原因，到现在共同富裕问题仍未解决，贫富悬殊问题反而越来越严重。"①资本主义几百年的发展历史充分表明，其在创造巨大的物质财富的同时，也使得贫富差距不断加大，西方资本主义国家现代化的进程也是不断制造社会两极分化的过程。两极分化是西方现代化的重要表征，是资本主义国家无可避免的痼疾与梦魇，几乎所有主要资本主义现代化国家都存在贫富差距悬殊、两极分化严重的现象。

西方国家现代化的进程伴随着资本主义的扩张发展。发端于18世纪工业革命的资本主义现代化，将人的思想和精神从欧洲中世纪的封建枷锁中解放出来，推动了社会生产力的巨大变革，"更有利于生产力的发展，有利于社会关系的发展，有利于更高级的新形态的各种要素的创造"②，促成了西方社会由农业社会转向工业社会，由传统文明转向现代文明，实现了生产工业化、市场自由化和政治民主化，使人类开始摆脱贫困和不平等，走向富裕美好社会。资本主义现代化创造的生产力，比过去一切世代创造的总和还要多、还要大，使人类有可能第一次彻底摆脱贫困，过上普遍富足的生活。但是自工业革命

---

① 《习近平谈治国理政》（第四卷），外文出版社2022年版，第143页。
② 《马克思恩格斯文集》（第七卷），人民出版社2009年版，第927—928页。

第二章
中国式现代化是全体人民共同富裕的现代化

开启至今，伴随着突飞猛进的财富总量增长的却是难以遏制的贫富差距和社会不平等。尽管一些西方学者乐观地认为，贫富差距扩大是现代化进程中的必然现象，并将随着现代化的推进而不断缩小，然而200多年的历史数据表明，当今西方社会的贫富差距并未趋于缩小和改善，而是仍在日趋扩大。当前，全球收入不平等问题突出，一些国家贫富分化，中产阶层塌陷，导致社会撕裂、政治极化、民粹主义泛滥。究其深层原因，西方资本主义现代化所内生的难以克服的制度性顽疾导致了贫富分化的不可避免，本质是资本逻辑所导致的困境。在资本主义社会生产资料私有制下，资本家通过资本驱动获取了更大的利益，他们推动工业化的目的不是追求人类社会的进步或劳动者的彻底解放，而是出于自身利益考量去榨取更多的剩余价值。一方面，资本家凭借占有生产资料，通过雇佣劳动，在直接生产过程中无偿占有雇佣工人创造的剩余价值；另一方面，又通过技术进步降低必要生活资料价值，通过资本积累提高资本有机构成、创造相对过剩人口，在再生产过程中不断压低劳动力价值，"这时资产阶级同无产阶级处于直接对立状态，贫困像财富那样大量产生"[1]。

而共同富裕是社会主义制度优越性的本质体现。邓小平同志曾指出："社会主义最大的优越性就是共同富裕，这是体现社会主义本质的一个东西。"[2]他还强调："社会主义与资本主义不同的特点就是共同富裕，不搞两极分化。"[3]西方资本主义国家在特定的发展阶段，能够通过一些手段的使用而较为有效地处理好"公平"与"效率"的关系问题，但是没有办法从根本上解决如何实现共同富裕的问题，

---

[1]《马克思恩格斯文集》（第一卷），人民出版社2009年版，第615页。
[2]《邓小平文选》（第三卷），人民出版社1993年版，第364页。
[3]《邓小平文选》（第三卷），人民出版社1993年版，第123页。

"两极分化"是资本主义的必然结果,也是其基本特征,是其自身发展无法规避的问题。共同富裕是社会主义制度优于资本主义制度的一个根本体现,只有在社会主义制度下,才能充分避免两极分化,逐步实现共同富裕的理想。在全面建设社会主义现代化国家、向第二个百年奋斗目标进军的新征程上,我们要着力促进全体人民共同富裕,坚决防止两极分化,从而使中国特色社会主义制度的优越性不断彰显,进一步坚定制度自信。

三、以人的全面发展超越物的片面富裕

物质贫困不是社会主义,精神贫乏也不是社会主义,全体人民共同富裕的现代化是以人的全面发展超越物的片面富裕的现代化。习近平总书记指出,"我们说的共同富裕是全体人民共同富裕,是人民群众物质生活和精神生活都富裕"[1],"要强化社会主义核心价值观引领"[2],"不断满足人民群众多样化、多层次、多方面的精神文化需求"[3],"促进共同富裕与促进人的全面发展是高度统一的"[4]。全体人民共同富裕是全面富裕,既包括物质生活富裕,又包含精神生活富足;既要"富口袋",又要"富脑袋";既要"柴米油盐",又要"诗和远方";既要家家"仓廪实衣食足",实现物质生活水平提高,又要人人"知礼节明荣辱",实现精神文化生活丰富,最终促进人的自由而全面发展和社会的全面进步。

在资本主义社会,人的发展走入了被工具化的歧途,大工业发展所采取的分工机制使得工人只能作为类似机器的某个零部件,从事简

---

[1]《习近平谈治国理政》(第四卷),外文出版社2022年版,第142页。
[2][3][4]《习近平谈治国理政》(第四卷),外文出版社2022年版,第146页。

第二章
中国式现代化是全体人民共同富裕的现代化

单重复劳动,这是人的片面畸形的发展。与此同时,虽然工人通过劳动创造出了商品这种物,但是这种物并不被工人占有,而是通过剩余价值的方式被资本家无偿占有。工人要想获得和使用这种物,就不得不参与资本家组织的生产劳动,通过劳动获得工资才能换取物的所有权和使用权。中国式现代化的共同富裕所追求的人的发展,是社会主义制度下的人的全面发展,"人以一种全面的方式,就是说,作为一个完整的人,占有自己的全面的本质"①。在不同发展阶段,人民对物质文化、精神文化的需要,对美好生活的需要,都是为了满足全面发展的需要。

西方资本主义现代化广泛宣扬自由主义、完全市场化,不可否认其创造了比过去一切世代所创造的总和还要多的生产力,但是也造成了作为主体的人和作为客体的物的目的性倒置。工业革命以来,商品拜物、资本拜物等粉墨登场,享乐主义、物质主义大行其道,根源就在于此。西方现代化进程表明,物质财富积累并不必然产生精神文明的协调发展,而有可能面对物质主义膨胀、大众消费主义盛行的巨大价值冲击,甚至出现社会失衡、政治动荡。中国式现代化在物质生产上不断创造奇迹,也在精神文化上书写新辉煌。习近平总书记指出,"只有物质文明建设和精神文明建设都搞好,国家物质力量和精神力量都增强,全国各族人民物质生活和精神生活都改善,中国特色社会主义事业才能顺利向前推进"②。离开精神文明进步的单一物质文明发展的社会,不是真正的社会主义现代化,不符合社会全面进步的要求。仅有物质生活的富裕是与现代文明相背离的,是狭隘的、片面的。全体人民共同富裕的现代化,归根到底是实现以人的全面发展超

---

① 《马克思恩格斯文集》(第一卷),人民出版社2009年版,第189页。
② 《习近平谈治国理政》(第一卷),外文出版社2018年版,第153页。

越物的片面富裕的现代化,即物质文明和精神文明相协调的现代化。中国式现代化克服了西方式现代化下人成为"现代文明囚徒"的内在弊病,强调人的全面发展,明确共同富裕是人民群众物质生活和精神生活都富裕。

习近平总书记指出:"促进共同富裕与促进人的全面发展是高度统一的。"[1]因此,要强化社会主义核心价值观引领,加强爱国主义、集体主义、社会主义教育,发展公共文化事业,完善公共文化服务体系,不断满足人民群众多样化、多层次、多方面的精神文化需求。要加强促进共同富裕舆论引导,澄清各种模糊认识,防止急于求成和出现畏难情绪,为促进共同富裕提供良好舆论环境。实现共同富裕是一个物质积累的过程,也是一个精神丰实的过程,两者相辅相成、缺一不可。物质富裕是精神富足的基础,能够为精神文明建设提供物质条件;反过来看,更高水平的精神文明建设,可以为物质文明建设提供精神动力。

---

[1]《习近平谈治国理政》(第四卷),外文出版社2022年版,第146页。

第四节

扎实推动全体人民共同富裕

现在,已经到了扎实推动共同富裕的历史阶段。以习近平同志为核心的党中央综合分析国际形势和我国发展条件,对全面建成社会主义现代化强国和实现全体人民共同富裕作出了系统筹划和战略安排:一是到"十四五"末,全体人民共同富裕迈出坚实步伐,居民收入和实际消费水平差距逐步缩小;二是到2035年,全体人民共同富裕取得更为明显的实质性进展,基本公共服务实现均等化;三是到21世纪中叶,全体人民共同富裕基本实现,居民收入和实际消费水平差距缩小到合理区间。党的二十大明确将"人的全面发展、全体人民共同富裕取得更为明显的实质性进展"作为2035年我国发展的总体目标之一,从而为促进共同富裕排出了时间表、画出了路线图,彰显了党中央切实推动共同富裕实现、促进发展成果由人民共享的坚强魄力。新时代新征程,需要增强历史主动,把促进全体人民共同富裕作为为人民谋幸福的着力点,把握扎实推进共同富裕的原则,在"鼓励勤劳创新致富""坚持基本经济制度""尽力而为量力而行""坚持循序渐进"中推动全体人民共同富裕取得更为明显的实质性进展。

新时代的十年间,中国共产党团结带领全国各族人民取得了脱贫攻坚战的全面胜利,完成了消除绝对贫困的艰巨任务,创造了彪炳史册的人间奇迹，实现了第一个百年奋斗目标，在中华大地上全面建成了小康社会。如今推动全体人民共同富裕的基础更为坚实，已经走到了扎实推动共同富裕的历史阶段。

一、坚持勤劳创新致富

马克思说："任何一个民族，如果停止劳动，不用说一年，就是几个星期，也要灭亡，这是每一个小孩子都知道的。"[①]劳动创造人们所需的生产资料和生活资料，提供人类生存和发展的物质条件。一个社会的富裕程度和生产力发展水平的高低，最终取决于有效劳动的多少并实行了怎样的分配。"民生在勤，勤则不匮。"勤劳是创造财富的重要源泉，勤劳勇敢、艰苦奋斗是中华民族的传统美德和精神品格。

习近平总书记指出："幸福生活都是奋斗出来的，共同富裕要靠勤劳智慧来创造。"[②]新时代，要在新发展理念指引下，推进共同富裕，弘扬中华优秀传统文化中的勤劳精神，增强改革创新的时代精神，形成勤劳创新的社会氛围和激励机制，使共同富裕在中国式现代化征程上取得实质性进展。要坚持在发展中保障和改善民生，把推动高质量发展放在首位，为人民提高受教育程度、增强发展能力创造更加普惠公平的条件，提升全社会人力资本和专业技能，提高就业创业能力，增强致富本领。要防止社会阶层固化，畅通向上流动通道，给更多人创造致富机会，形成人人参与的发展环境，避免"内卷"和"躺平"。共同富裕不会自动到来，美好生活也不会从天而降，而是要在亿万人民的苦干实干中实现。在通往共同富裕的道路上，奋斗是

[①]《马克思恩格斯文集》（第十卷），人民出版社2009年版，第289页。
[②]《习近平谈治国理政》（第四卷），外文出版社2022年版，第142页。

第二章
中国式现代化是全体人民共同富裕的现代化

亮丽的底色,也唯有共同奋斗、不懈奋斗才能实现共同富裕。一言以蔽之,共同富裕要靠共同奋斗。尽管我们已经实现全面建成小康社会的目标,但仍是世界上最大的发展中国家,发展不平衡不充分问题仍然突出,低收入群体规模依然偏大。习近平总书记强调,"人民生活显著改善,对美好生活的向往更加强烈,人民群众的需要呈现多样化多层次多方面的特点"①。这决定了我们要坚持发展是第一要务,通过全国人民共同奋斗把"蛋糕"做大做好。

实现共同富裕要靠共同奋斗,人民是实现共同富裕的主体力量。人民既是共同富裕的创造者,又是共同富裕的共享者。在实现共同富裕的道路上,只有人人参与、各尽其能,才能实现人人享有。在扎实推动共同富裕的过程中,人民是主角。中国共产党人的百年奋斗史,就是一部为人民创造美好生活的历史。一百年来,党和人民取得的一切成就都是团结奋斗的结果,团结奋斗是中国共产党和中国人民最显著的精神标识。进入新时代,团结奋斗更是党团结带领人民不断开创美好生活的力量源泉。

中华人民共和国成立后,中国人民在物质技术极其匮乏、物质基础极其薄弱的条件下,发扬革命加拼命的优良传统和一不怕苦二不怕死的革命精神,自力更生、艰苦创业,战天斗地、改天换地,在一穷二白的废墟上迅速建立起了新中国。改革开放新时期,中国人民敢闯敢试、敢为人先,用自己的辛劳和汗水一砖一瓦建造起中国现代化的高楼大厦。进入新时代,中国人民撸起袖子加油干,一张蓝图绘到底,一任接着一任干,攻克一个个难关,战胜一个个困难,创造了举世瞩目的奇迹。在中华大地上全面建成小康社会,历史性地解决绝对贫困问题,是几代人勤学苦干、接续奋斗出来的。在这一过程中,每

---

① 《习近平谈治国理政》(第二卷),外文出版社2017年版,第61页。

个人都拼搏奋斗、追梦圆梦，在发展自己的同时奉献社会、贡献国家。事实证明，对于中国这样一个有着14亿多人口的大国，美好生活等不来、要不来，共同富裕唯有通过奋斗才能实现。

二、坚持基本经济制度

习近平总书记指出："要立足社会主义初级阶段，坚持'两个毫不动摇'。要坚持公有制为主体、多种所有制经济共同发展，大力发挥公有制经济在促进共同富裕中的重要作用，同时要促进非公有制经济健康发展、非公有制经济人士健康成长。"[①]公有制为主体、多种所有制经济共同发展，按劳分配为主体、多种分配方式并存，社会主义市场经济体制等社会主义基本经济制度，既体现了社会主义制度优越性，又同我国社会主义初级阶段社会生产力发展水平相适应，是党和人民的伟大创造，为实现全体人民共同富裕提供了根本制度保障。社会主义基本经济制度是我国促进实现共同富裕的根本制度安排，既可以解放和发展我国社会生产力，不断把经济发展的"蛋糕"做大，又可以保障人民共享发展成果，把不断做大的"蛋糕"分好。在迈上全面建设社会主义现代化国家新征程、向第二个百年奋斗目标进军的关键时刻，必须进一步坚持和完善社会主义基本经济制度，充分发挥社会主义基本经济制度的优势，向着实现共同富裕的目标稳步前进。

公有制为主体、多种所有制经济共同发展，是中国特色社会主义制度的重要支柱，是社会主义市场经济的根基。邓小平同志多次强调："社会主义有两个非常重要的方面，一是以公有制为主体，二是

---

① 《习近平谈治国理政》（第四卷），外文出版社2022年版，第143页。

第二章
中国式现代化是全体人民共同富裕的现代化

不搞两极分化。"①促进共同富裕，要毫不动摇巩固和发展公有制经济，毫不动摇鼓励、支持、引导非公有制经济发展。一方面，要大力发挥公有制经济在促进共同富裕中的重要作用，"深化国资国企改革，加快国有经济布局优化和结构调整，推动国有资本和国有企业做强做优做大，提升企业核心竞争力"②。另一方面，促进共同富裕，要毫不动摇地鼓励、支持和引导非公有制经济发展，促进非公有制经济健康发展和非公有制经济人士健康成长，"优化民营企业发展环境，依法保护民营企业产权和企业家权益，促进民营经济发展壮大"③。习近平总书记多次强调，"国有企业是中国特色社会主义的重要物质基础和政治基础，是我们党执政兴国的重要支柱和依靠力量"④，"民营经济是我国经济制度的内在要素，民营企业和民营企业家是我们自己人"⑤，"把公有制经济巩固好、发展好，同鼓励、支持、引导非公有制经济发展不是对立的，而是有机统一的。公有制经济、非公有制经济应该相辅相成、相得益彰，而不是相互排斥、相互抵消"⑥。这些重要论述，进一步深化了对公有制经济和非公有制经济的认识，为推动各类市场主体持续健康发展指明了根本方向。

按劳分配为主体、多种分配方式并存是我国社会主义基本经济制度的重要内容。实践证明，这一制度安排有利于调动各方面积极性，

---

① 《邓小平文选》（第三卷），人民出版社1993年版，第138页。

②③ 习近平：《高举中国特色社会主义伟大旗帜 为全面建设社会主义现代化国家而团结奋斗——在中国共产党第二十次全国代表大会上的报告》，人民出版社2022年版，第29页。

④ 《习近平谈治国理政》（第二卷），外文出版社2017年版，第175页。

⑤ 习近平：《在民营企业座谈会上的讲话》，人民出版社2018年版，第7页。

⑥ 习近平：《在民营企业座谈会上的讲话》，人民出版社2018年版，第5—6页。

有利于实现效率和公平的有机统一，有利于实现共同富裕，在做大"蛋糕"的同时分好"蛋糕"。习近平总书记明确要求解决收入分配中存在的突出问题，"不断健全体制机制和具体政策，调整国民收入分配格局，持续增加城乡居民收入，不断缩小收入差距"①。社会主义分配制度既有利于鼓励先进，促进效率，最大限度激发活力，又有利于防止两极分化，逐步实现共同富裕，使人民群众共享改革发展成果。在分配制度上坚持按劳分配为主体、多种分配方式并存，为实现共同富裕构建起初次分配、再分配、三次分配协调配套的基础性制度安排。一方面，要充分认识到按劳分配为主体是实现共同富裕的基本要求和重要保证，逐步提高劳动报酬在初次分配中的比重；另一方面，发挥好再分配和三次分配的调节作用，兼顾效率与公平，最大限度激发微观主体活力，推动形成中间大、两头小的橄榄型分配结构，促进社会公平正义，推动全体人民朝着共同富裕方向稳步前进。

在社会主义条件下发展市场经济，是我们党的一个伟大创举，是我国社会主义基本经济制度的一项创新性内容。我国经济发展获得巨大成功的一个关键因素，就是我们既发挥了市场经济的长处，又发挥了社会主义制度的优越性，具有把"有为政府"和"有效市场"有机结合起来的优势。从"把市场经济等同于资本主义"的观念束缚到"计划和市场都是经济手段"的思想解放，从"社会主义有计划的商品经济"到"社会主义市场经济"，从"市场在国家宏观调控下对资源配置起基础性作用"到"使市场在资源配置中起决定性作用和更好发挥政府作用"，党对市场经济的认识不断深化。实践证明，市场机制具有优化资源配置、激励创新、提高经济效率和发展质量、促进生

---

① 习近平：《论坚持全面深化改革》，中央文献出版社2018年版，第189—190页。

产力发展的优势，可以为实现共同富裕奠定物质基础。在发展社会主义市场经济过程中，必须坚持"有效市场"与"有为政府"的系统共进，在高质量发展中不断推进共同富裕。不断健全与完善社会主义市场经济体制，在肯定市场对资源配置起决定性作用的同时，强调发挥好政府的宏观调控作用，增强区域之间发展的平衡性，强化行业之间发展的协调性，不断缩小地区差距、城乡差距、收入差距，扎实推动共同富裕。

三、坚持尽力而为量力而行

习近平总书记指出："要建立科学的公共政策体系，把蛋糕分好，形成人人享有的合理分配格局。要以更大的力度、更实的举措让人民群众有更多获得感。同时，也要看到，我国发展水平离发达国家还有很大差距。要统筹需要和可能，把保障和改善民生建立在经济发展和财力可持续的基础之上，不要好高骛远，吊高胃口，作兑现不了的承诺。政府不能什么都包，重点是加强基础性、普惠性、兜底性民生保障建设。即使将来发展水平更高、财力更雄厚了，也不能提过高的目标，搞过头的保障，坚决防止落入'福利主义'养懒汉的陷阱。"[①] 实现共同富裕是一项在动态中向前发展的系统性工程，是一个长期目标，具有长期性、艰巨性和复杂性等特征，不可能一蹴而就，也不可能齐头并进，既要保持发展势头、发挥已有优势，激发出尽力而为的强大干劲和久久为功的坚毅韧性，又要充分认识和正确掌握当下和将来会面临的各种困难和不足，对症下药、行稳致远，保持量力而行的理性与稳中求进的务实。

---

① 《习近平谈治国理政》（第四卷），外文出版社2022年版，第143页。

扎实推进共同富裕是一个循序渐进的过程，需要尽力而为、量力而行，因时因势因地制宜设定发展目标，按照经济社会发展规律稳步推进，不因目标长远、复杂、艰巨而消极懈怠，也不因过程漫长而揠苗助长、急功近利，既打好攻坚战，又打好持久战，一步一个脚印脚踏实地地向着既定的目标进发，一定能抵达光明美好的彼岸。从奋斗目标看，共同富裕是人民群众物质生活和精神生活都富裕，是人民群众获得感、幸福感、安全感的全方位提升，是实现人的全面发展和社会全面进步；从国情国力看，我们要实现的现代化，是人口规模巨大的现代化，是全体人民共同富裕的现代化，其艰巨性和复杂性前所未有。要把握好尽力而为和量力而行之间的逻辑关系，从战略全局出发，从改善社会心理预期、提振发展信心入手，作出精准有效的判断，因时而变、因势而动。同时，要深入群众、深入基层，惠民生、暖民心，提高公共服务水平，增强均衡性和可及性，加强各类政策协调配合，形成经济社会发展合力，努力实现量的合理增长和质的有效提升，在高质量发展中扎实推进共同富裕。

尽力而为、量力而行是一种工作原则和方法。"尽力而为"就是要充分发挥人的主观能动性，对人民群众急难愁盼问题要有所为，要大有作为；"量力而行"就是要尊重客观规律，不能脱离实际，不能超越阶段，强调要敢于有所不为，比如政府不能什么都包，不能落入西方资本主义的福利制度陷阱之中。回溯中国共产党开拓实现共同富裕道路的历史，从认识到"贫穷不是社会主义"、先富带动后富，到打赢脱贫攻坚战、全面建成小康社会，再到向着"全体人民共同富裕取得更为明显的实质性进展"的目标迈进，在不同历史时期、发展阶段，我们党始终循序渐进，既尽力而为又量力而行，提出了前后连贯、与发展规律相契合的共同富裕实现路径。实践也充分证明，只有坚持实事求是，才能在迈向共同富裕的康庄大道上行稳致远。

第二章
中国式现代化是全体人民共同富裕的现代化

促进共同富裕,在有些事情上必须大有作为。习近平总书记强调:"我国正处于并将长期处于社会主义初级阶段,我们不能做超越阶段的事情,但也不是说在逐步实现共同富裕方面就无所作为,而是要根据现有条件把能做的事情尽量做起来,积小胜为大胜,不断朝着全体人民共同富裕的目标前进。"①尤其在人民群众最关心最直接最现实的利益问题上,必须拿出更大的力度、更实的举措,尽力而为、全力以赴。如何构建初次分配、再分配、三次分配协调配套的基础性制度安排,如何形成中间大、两头小的橄榄型分配结构,又如何畅通向上流动通道,给更多人创造致富机会,都是值得思考并且亟待解决的问题。实现共同富裕要尽力而为,因为"等不得",看准了就要及时调整和完善,具备条件就要尽力去做,在经济发展可承受的范围内最大限度保障和改善民生,用心用情用力办好民生实事,以更大的力度、更实的举措让人民群众有更多获得感、幸福感、满足感、认同感、安全感。

但也有一些事情,在尽力而为的同时只能量力而行,这就要求在推进共同富裕过程中必须具备充分考虑发展实际的求是精神。无论是提高整体社会保障水平,还是增加居民可支配收入,抑或是制定具体的帮扶政策推动乡村振兴,都不能脱离实际、超越阶段,不能好高骛远,作兑现不了的承诺。要清醒地看到,我国发展水平离发达国家还有很大差距,而保障和改善民生,必须建立在经济发展和财力可持续的基础之上,要重点加强基础性、普惠性、兜底性民生保障建设。只有立足当前、着眼长远,统筹考虑需要和可能,按照经济社会发展规律循序渐进,才能推动共同富裕持续取得新进展。

---

① 《习近平谈治国理政》(第二卷),外文出版社2017年版,第214—215页。

四、坚持循序渐进

促进全体人民共同富裕是一场持久战、接力赛,要循序渐进、久久为功,不可能一举而尽全功。习近平总书记强调:"共同富裕是一个长远目标,需要一个过程,不可能一蹴而就,对其长期性、艰巨性、复杂性要有充分估计,办好这件事,等不得,也急不得。"①这就要求我们对共同富裕的长期性、艰巨性、复杂性有充分估计,因地制宜探索促进共同富裕的有效路径,有序推进、逐步深入,脚踏实地、久久为功,不断增进民生福祉,促进共同富裕与经济发展阶段相适应、与现代化建设进程相协调。

"循序"就是要尊重社会基本矛盾运动的客观规律,"渐进"就是要在尊重客观规律的前提下,善于发挥人的主观能动性,及时促进客观事物的发展变化。任何事物的发展都要经历一个从量变到质变的过程,量变中也蕴含和孕育着质变,质变是量变的必然结果,同时又将开启新的量变。回顾过去我们探索共同富裕的实践历程,能够实现从温饱不足到总体小康、再到全面建成小康社会,靠的就是把握科学发展规律、制定正确策略。如今,着眼实现共同富裕的宏伟目标,更要秉持实事求是的精神,分阶段扎实推进,确保阶段性目标的可及性。各地区推动共同富裕的基础和条件不尽相同,必须结合自身实际因地制宜探索有效路径,不盲目攀比和冒进,不要一口吃成个胖子,不要做超越发展阶段的事。把能做的事情尽量做起来,积小胜为大胜,方能不断朝着全体人民共同富裕的目标前进。

党的二十大报告提出,深入贯彻以人民为中心的发展思想,在幼

---

① 《习近平谈治国理政》(第四卷),外文出版社2022年版,第143页。

第二章
中国式现代化是全体人民共同富裕的现代化

有所育、学有所教、劳有所得、病有所医、老有所养、住有所居、弱有所扶上持续用力，人民生活全方位改善。目前我国人均预期寿命增长到78.2岁，居民人均可支配收入从16500元增加到35100元，现已建成世界上规模最大的教育体系、社会保障体系、医疗卫生体系，人民群众获得感、幸福感、安全感更加充实、更有保障、更可持续，共同富裕取得新成效。

如今，近1亿农村贫困人口实现脱贫，困扰中华民族千百年的绝对贫困问题得到历史性解决；2020年经济总量突破100万亿元，2021年突破110万亿元，2022年突破120万亿元，一步一个脚印，中国经济顶住压力走出了一条漂亮的上扬曲线；中等收入大军"扩群"到4亿多人，形成全球规模最大、最具成长性的中等收入群体……面向未来，一幅共同富裕的壮阔蓝图已经在华夏大地徐徐铺展，在新的赶考之路上，中国共产党必须把促进全体人民共同富裕作为为人民谋幸福的着力点，不断实现人民对美好生活的向往，努力交出新时代更加优异的答卷。"我们必须把促进全体人民共同富裕摆在更加重要的位置，脚踏实地、久久为功，向着这个目标更加积极有为地进行努力"①。在有着14亿多人口的中国实现共同富裕的现代化，是一项前无古人的历史任务，只有在中国共产党坚强领导下，发挥中国特色社会主义制度优势才能完成。

"新征程上，我们要始终坚持一切为了人民、一切依靠人民。"②习近平总书记在二十届中共中央政治局常委同中外记者见面时强调："我们要始终与人民风雨同舟、与人民心心相印，想人民之所想，行

---

① 《习近平谈治国理政》（第四卷），外文出版社2022年版，第139页。
② 《习近平著作选读》（第二卷），人民出版社2023年版，第612页。

人民之所嘱，不断把人民对美好生活的向往变为现实。"①把以人民为中心的发展思想落实到各项工作之中，一件一件抓落实，一年接着一年干，就能让群众看到变化、得到实惠，推动共同富裕持续取得新进展，不断把为民造福事业推向前进。共同富裕需要共同奋斗，亿万人民积极投身中国式现代化的伟大实践，以实干创实绩、以奋斗促富裕，到"十四五"末全体人民共同富裕迈出坚实步伐、到2035年全体人民共同富裕取得更为明显的实质性进展、到21世纪中叶全体人民共同富裕基本实现的目标一定能如期实现。

---

① 《习近平著作选读》（第二卷），人民出版社2023年版，第612页。

延伸阅读

"共富工坊"：组织起来一起富裕*

近年来，浙江省委组织部充分发挥党组织政治功能和组织功能，坚持党建引领"共富工坊"建设，畅通村企合作渠道，搭建村企合作平台，促进农民家门口就业增收。截至2023年3月，全省共建成"共富工坊"5599家，累计吸纳农民就业27.8万人，人均月增收约2600元，合计年增收约87亿元。

"共富工坊"初衷

党建引领"共富工坊"建设，是由村（社区）、企业等党组织结对共建，利用闲置房屋土地等创办工坊，引导有条件的企业把适合的生产加工环节布局到农村，有效吸纳农村剩余劳动力、低收入农户在家门口就业，降低企业生产用工用地成本，实现送项目到村、送就业到户、送技能到人，推动农民增收、企业增效、集体增富，形成"组织起来、一起富裕"的良好氛围。

"共富工坊"实践

组织共建。强化县乡党委统筹协调功能，将"共富工坊"纳入党建联建机制，精准衔接区域资源禀赋、产业布局、村情民情、企业需求等，组织协调企业与村（社区）结对。以党建带群建强企业党建，带动工会、共青团、妇联、残联等群团组织发挥群众工作优

---

*参见《"共富工坊"：组织起来一起富裕》，载《中国改革报》2023年3月28日。编者对内容有所修改。

势，推动企业把党组织建起来、强起来。建立4700多个工坊党小组，选派5600名机关、乡镇和企业党员干部担任工坊管家，加强对工坊的政治引领、运维管理和安全监督。

市场运作。坚持企业所需、因坊施策，对"一村对一企""多村对一企"的"共富工坊"，依托结对企业提供兜底运营；对"一村对多企"的"共富工坊"，建立运营管理公司、经济合作联合社等经营主体，加强工坊人员管理、订单生产和运行维护，提升标准化生产、品牌化经营、专业化组织程度，确保工坊转得稳、有钱赚。

精准服务。搭建"县级中心+乡镇站点+村社服务点"三级服务平台，已在全省建成服务平台（站点）675个，累计提供服务3.2万次，为"共富工坊"提供项目引进、就业培训、安全生产和社会保障等全链条支撑服务。开展"侨助工坊"行动，为工坊对接落实5200多批次、33.5亿元订单。打造"共富工坊"数字化应用场景，已入驻经营主体4100余家，智能匹配供需1.2万次，及时解决工坊闲置、生产异常、安全隐患等问题。

政策支持。推动人才、政策、资金等下沉基层，对场地租赁、设备购置等进行适当奖补。引导律师、会计师、税务师深入一线为工坊提供专业指导。金融保险机构推出专项优惠贷款、商业保险等服务，累计为工坊发放优惠贷款16.8亿元。常态化组织科技特派员、企业技术人员等到工坊开展技术指导，2022年全省依托工坊累计开展各类培训8200余场、培训农民10.6万人次。

"共富工坊"价值

农民增收。全省各地"共富工坊"已吸纳2.7万名低收入农户就业,人均月增收1600元;省妇联牵头打造634家巾帼"共富工坊",帮助2.3万名农村妇女解决就业问题,人均月增收1800元;省残联依托残疾人之家等阵地开设工坊,累计吸纳2328名残疾人就业,人均月增收1500元。

企业增效。"共富工坊"有利于企业降低生产成本,提高经济效益。例如,桐乡市洲泉镇与品牌企业合作,通过打造"黄金茧·共富工坊",以销定产、手工拉制,使得黄金蚕丝被成本降低10%、售价提高15%,2022年为企业增收900万元。

集体增富。通过出租村集体闲置场地,采用村集体参股、企业分成合作、农户分红等方式,引导企业把产业增值环节更多留在农村、增值收益更多留给农民,发展新型农村集体经济。目前,共有3200余个行政村通过"共富工坊"获得集体经济收入,每村年均增收约12万元。

百姓增信。"共富工坊"让广大农民闲暇时有事做、生活上有盼头,搭建起连接党心民心的"致富路""连心桥",让老百姓真切感受到党组织关心惠民,增强了群众对党的信任。

"共富工坊"姓"党"名"工"为"民",利企利村利民。下一步,浙江将持续深化党建联建促共富,力争到2024年底,累计打造"共富工坊"10000家,实现山区26县乡镇全覆盖、乡村振兴重点帮促村全覆盖。

第三章

中国式现代化是物质文明和精神文明相协调的现代化

只有物质文明建设和精神文明建设都搞好，国家物质力量和精神力量都增强，全国各族人民物质生活和精神生活都改善，中国特色社会主义事业才能顺利向前推进。

习近平总书记在党的二十大报告中指出："中国式现代化是物质文明和精神文明相协调的现代化。物质富足、精神富有是社会主义现代化的根本要求。物质贫困不是社会主义，精神贫乏也不是社会主义。"物质文明和精神文明，是人类认识世界、改造世界全部成果的结晶。所谓物质文明，指的是人类通过改造自然界而取得的物质成果的总和，主要表现为物质生产方式和经济生活水平的进步，关系到经济发达不发达、人民富裕不富裕、生活品质好不好。物质文明为中国式现代化提供了坚实的物质基础，也为人民幸福生活提供了物质条件。所谓精神文明，指的是人类通过改造主观世界、进行精神生产而创造的精神生活积极成果的总和，主要表现为科教文卫体等事业的发展和人民思想道德状况的提升，关系到思想文化水平高不高、社会关系和谐不和谐、人民感觉幸福不幸福。精神文明以物质文明为基础，同时也有力促进物质文明的发展。精神文明为中国式现代化提供了文化根基和思想保障，是满足人民美好生活需要的重要方面。物质文明和精神文明是社会总体文明内在统一的两个方面，只有使它们互为条件、互相推动、相互协调、共同发展，社会文明整体的进步和发展才能实现，这也是社会主义现代化的题中应有之义。面向未来，只有物质发展和人的进步"两手抓、两手都要硬"，物质文明建设和精神文明建设都搞好，中国特色社会主义事业才能顺利向前推进。

第一节

厚植现代化的物质基础

聚精会神搞建设,一心一意谋发展。新中国成立以来,中国共产党始终把促进生产力进步、提高人民生活水平、实现国家现代化作为长期坚持的奋斗目标。改革开放后,党把全面建成小康社会作为奋斗目标,坚持以经济建设为中心,不断解放和发展生产力,努力使人民摆脱贫困、尽快富裕起来。经过40多年的奋斗,我们终于在2021年中国共产党成立100周年之际,实现了全面建成小康社会的目标,实现了中华民族的千年凤愿。回首来路,党的二十大报告指出,完成脱贫攻坚、全面建成小康社会的历史任务,实现第一个百年奋斗目标,是新时代对党和人民事业具有重大现实意义和深远历史意义的三件大事之一。全面建成小康社会,在中华大地上历史性地消除绝对贫困,标志着我国发展站在了更高的历史起点上。这是改革开放40多年来我们党持续接力奋斗取得的重大物质文明成果,也为全面建成社会主义现代化强国、实现第二个百年奋斗目标开了好头,奠定了基础。展望前程,党的二十大报告提出,到本世纪中叶,我国将成为综合国力和国际影响力领先的社会主义现代化强国。这对物质文明建设提出了更高的要求。锚定这一目标,我们必须牢牢坚持高质量发展这一全面建设社会主义现代化国家的首要任务,推动我国物质文明实现新跃升、人民生活水平迈上新台阶。

一、发展是党执政兴国的第一要务

历史地看，经济文化落后是近代中国落后挨打的原因，中国共产党的诞生使这一局面开始扭转。在经济文化落后国家实现现代化并建设社会主义是一个未被完全认识的"必然王国"，中国共产党在探索中积累了大量经验，也留下不少教训。总结成功经验和挫折教训后，中国共产党把发展确定为执政兴国的第一要务，作为解决中国一切问题的基础和关键。改革开放以来，党团结带领人民以经济建设为中心，不断解放和发展生产力，不断推进更高质量、更有效率、更加公平、更可持续、更为安全的发展，国家经济实力、科技实力和综合国力显著增强。离开发展带来的经济腾飞和物质基础，中国式现代化就是空中楼阁，中华民族的伟大复兴就难以实现。

现代化潮流开启了中国历史发展新阶段。为应对亡国灭种的危机，实现救亡图存和民族复兴，各种政治力量在近代中国的历史舞台上实施自己的救国方案，但纷纷遭遇失败，留下了许多经验教训。鸦片战争后，最早开始探索中国新的发展方向的是农民阶级，他们发起的太平天国运动达到了中国历史上农民战争的顶峰。这场起义虽然猛烈冲击了地主土地所有制，但是提出的发展方案具有明显的平均主义倾向和空想色彩，没有跳出封建小生产者的局限，最终失败。义和团运动是另一场震惊中外的农民运动。义和团成员与帝国主义侵略军进行殊死战斗，但最终被投靠帝国主义的清政府血腥镇压。这些失败说明农民阶级不是新的生产力和生产关系的代表，不能提出改造社会、挽救危亡的新蓝图。地主阶级洋务派在鸦片战争后逐渐形成壮大，掀起了以"师夷长技以自强"为目的的洋务运动，采用大量西方先进技术，创办了一批近代工业和企业。但是由于他们秉持"中学为体，西学为用"的原则，一心维护封建统治，对帝国主义采取依赖妥协态度，最终在甲午战争中遭受失败，中国依然没能走向富强。在洋务运动中成长起来的中国资产阶级，随后走上历史舞台。首先，资产阶级改良派发起了戊戌变法，试图改革封建专制制度，但他们依托封建政权进行改良的道路也没有走通，变法仅103天即告失败。改良派的失败促进了后人的觉醒，资产阶级革命派随即发动的辛亥革命是一场完全意义上的近代民族民主革命。它推翻了清王朝的统治，推动了民族资本主义的发展，但是革命果实最终被袁世凯窃取。"无量头颅无量血，可怜购得假共和"，辛亥革命也失败了。这说明资产阶级革命派的斗争纲领是不彻底的，不能充分发动和依靠广大人民的革命是不稳固的。沉重的现实提醒所有有志于改变现状的人，"中国迫切需要新的思想引领救亡运动，迫切需要新的组织凝聚革命力量"[①]。

马克思主义为中国指引了发展方向。辛亥革命失败后，先进知识分子继续探索中国革命之路。俄国通过十月革命建立了世界上第一个工农苏维埃政权，这引起了中国人的注意，一批知识分子开始从学习西方转向学习俄国，作为十月革命指导思想的马克思主义开始在中国得到广泛宣传和研究。马克思和恩格斯的名字虽然早在1899年就已经通过《万国公报》传入中国，但直到十月革命爆发前，马克思主义在国内知识界还只出现于零星的、片段式的介绍中，远非主流学说，更没有被当作"主义"来信奉。"一九一七年的俄国革命，是二十世纪中世界革命的先声。"[②]十月革命的成功让中国人对科学社会主义

[①]《习近平谈治国理政》（第四卷），外文出版社2022年版，第4页。

[②] 中国李大钊研究会编注：《李大钊全集》（第二卷），人民出版社2013年版，第359页。

予以高度关注和评价,"自俄国革命以来,'马克思主义'几有风靡世界的势子"①,马克思主义在中国也开始得到广泛、全面的介绍。几乎同时,中国的工人阶级随着民族资本主义经济的蓬勃发展而逐渐壮大。终于,"在中国人民和中华民族的伟大觉醒中,在马克思列宁主义同中国工人运动的紧密结合中,中国共产党应运而生"②。党的一大鲜明宣示了这个新政党的纲领和奋斗目标:"承认无产阶级专政,直到阶级斗争结束,即直到消灭社会的阶级区分。"③中国共产党成为科学社会主义在中国的组织载体,成为广大中国人民和无产阶级的忠实代表。它的诞生,"深刻改变了近代以后中华民族发展的方向和进程,深刻改变了中国人民和中华民族的前途和命运,深刻改变了世界发展的趋势和格局"④。以马克思主义为思想旗帜的中国共产党,自诞生之日起"就把为中国人民谋幸福、为中华民族谋复兴确立为自己的初心使命"⑤,在实践中确立了科学的发展宗旨和发展目标,找到了深厚的发展动力和发展指南,开始了开辟中国社会主义道路、探索中国现代化建设方案、实现中华民族伟大复兴、推动人类走向共产主义的壮阔征途。

中国共产党顺应时代潮流不断探索中国发展方案。新民主主义革命时期,党带领人民推翻"三座大山",实现了中国从封建专制政治向人民民主的伟大飞跃,为中国继续发展创造了根本社会条件。这一时期,中国共产党根据中国具体实际,明确认识到中国不能走资本主

---

① 中国李大钊研究会编注:《李大钊全集》(第三卷),人民出版社2013年版,第1页。

② 《习近平谈治国理政》(第四卷),外文出版社2022年版,第4页。

③ 中共中央文献研究室、中央档案馆编:《建党以来重要文献选编(1921—1949)》(第一册),中央文献出版社2011年版,第1页。

④⑤ 《习近平谈治国理政》(第四卷),外文出版社2022年版,第4页。

第三章
中国式现代化是物质文明和精神文明相协调的现代化

义道路。毛泽东同志曾说："走建立资产阶级专政的资本主义社会之路吗？诚然，这是欧美资产阶级走过的老路，但无如国际国内的环境，都不容许中国这样做。"①同时，进一步明确"要中国的民族独立有巩固的保障，就必需工业化。我们共产党是要努力于中国的工业化的"②。社会主义革命和建设时期，党带领人民消灭封建剥削制度，确立社会主义基本制度，实现了中华民族有史以来最为广泛而深刻的社会变革，为中国继续发展奠定了根本政治前提和制度基础。这一时期，中国共产党在建立社会主义制度后明确把国家现代化作为中心任务。毛泽东同志在1954年召开的一届全国人大一次会议上提出，"准备在几个五年计划之内，将我们现在这样一个经济上文化上落后的国家，建设成为一个工业化的具有高度现代文化程度的伟大的国家"③。经过长期探索，到1964年三届全国人大一次会议，党把对现代化建设的思考凝练为"四个现代化"的发展目标，提出"要在不太长的历史时期内，把我国建设成为一个具有现代农业、现代工业、现代国防和现代科学技术的社会主义强国，赶上和超过世界先进水平"④。改革开放和社会主义现代化建设新时期，党带领人民实现了党史上具有深远意义的伟大转折，实现了人民生活从温饱不足到总体小康、奔向全面小康的历史性跨越，为中国继续发展提供了充满新的活力的体制保证和快速发展的物质条件。这一时期，党实现了工作重心的转移，把现代化建设当作"当前最大的政治"，"作为几十年的奋斗目标"。同时，党提出了现代化发展的阶段性目标，即全面建成

---

① 《毛泽东选集》（第二卷），人民出版社1991年版，第679页。
② 《毛泽东文集》（第三卷），人民出版社1996年版，第146页。
③ 《毛泽东文集》（第六卷），人民出版社1999年版，第350页。
④ 《周恩来选集》（下卷），人民出版社1984年版，第439页。

小康社会，并在实践中不断丰富拓展小康的内涵。在此基础上，党提出了"解决温饱—实现小康—基本实现社会主义现代化"的"三步走"发展战略，擘画了中国发展蓝图。中国特色社会主义进入新时代，党带领人民在中华大地上全面建成了小康社会，为中国继续发展提供了更为完善的制度保证、更为坚实的物质基础、更为主动的精神力量。这一时期，党依据新的实际，作出了我国社会主要矛盾转变的重大判断，提出我国现代化建设已经进入以高质量发展为主题的新发展阶段。"新发展阶段就是全面建设社会主义现代化国家、向第二个百年奋斗目标进军的阶段。这在我国发展进程中具有里程碑意义。"①由此，我们开始了以中国式现代化全面推进中华民族伟大复兴的新征程。

二、我国发展站在了更高历史起点上

党的二十大报告指出："我们经过接续奋斗，实现了小康这个中华民族的千年梦想，我国发展站在了更高历史起点上。"②中国历史性地解决了绝对贫困问题，全面建成小康社会，这是中华民族伟大复兴事业划时代的里程碑，也是中国开启现代化建设后取得的最为鼓舞人心的标志性成果。

小康是贯穿中华民族历史的一个宏伟社会目标和美好生活追求，反映了中国人对富足、安宁、和谐的社会生活的向往。早在《诗经》

---

① 习近平：《论把握新发展阶段、贯彻新发展理念、构建新发展格局》，中央文献出版社2021年版，第5—6页。

② 习近平：《高举中国特色社会主义伟大旗帜　为全面建设社会主义现代化国家而团结奋斗——在中国共产党第二十次全国代表大会上的报告》，人民出版社2022年版，第7页。

第三章
中国式现代化是物质文明和精神文明相协调的现代化

中就有这样的描述:"民亦劳止,汔可小康。惠此中国,以绥四方。"这是古代典籍对小康的最早记载。孔子在制定理想社会目标时,把"大同"作为最高社会理想,"小康"作为最低社会理想。大同和小康引领着历代圣哲对美好生活的追求,是中华民族一直以来的梦想。但是在中国封建时代,小康一直没有也不可能实现。近代以来,仁人志士和革命先辈继续追逐小康梦想,矢志于民族复兴大业。康有为认为社会历史将从据乱世进化到升平世(小康社会),最终达到太平世(大同社会),但是维新变法的失败使得"三世说"沦为空想。孙中山以《建国方略》描绘中国未来蓝图,希望通过实业计划的实施,"登中国于富强之域,跻斯民于安乐之天也"①。但是资产阶级由于自身的局限性也没能实现这一庞大恢宏的计划,振兴中华、百姓小康的理想仍很遥远。中国共产党接续起对小康梦想的探索和追求,在新民主主义革命胜利和社会主义制度建立,以及现代化建设取得初步成就的基础上,作出了改革开放的伟大决策,创造了实现小康的新可能。

邓小平同志创造性地赋予传统的小康理想以现代化的特质,开创了一条迈向中国式现代化的发展之路。现代化建设必须实事求是,尊重国情。在世界现代化序列中,中国是后发型国家,存在底子薄、基础差、科技力量不足、经济贫穷,以及人口多、耕地少、资源短缺等问题,所以不能设想直接实现大同、共产主义等远大目标,必须"把标准放低一点"。1979年,邓小平同志在会见时任日本首相大平正芳时,首次使用"小康"来描述中国的现代化目标。他指出:"我们要实现的四个现代化,是中国式的四个现代化。我们的四个现代化的概

---

① 《孙中山选集》(上),人民出版社2011年版,第121页。

念，不是像你们那样的现代化的概念，而是'小康之家'。"①这一目标得到了社会各界的广泛认同。党的十二大上，邓小平同志提出"把马克思主义的普遍真理同我国的具体实际结合起来，走自己的道路，建设有中国特色的社会主义"②的重大命题。在这一思想的指导下，党的十二大把在20世纪末"实现四个现代化"改为"实现小康"，避免了现代化建设的急于求成。1987年，党的十三大进一步明确了实现目标的时间表和路线图，肯定了邓小平同志提出的"三步走"现代化战略设想。经过现代化建设的长期奋斗，党的十六大明确提出，我们胜利实现"三步走"战略的第一步、第二步目标，人民生活总体上达到小康水平，同时清醒指出"现在达到的小康还是低水平的、不全面的、发展很不平衡的小康"③，21世纪头20年是必须紧紧抓住并且可以大有作为的重要战略机遇期，要全面建设惠及十几亿人口的更高水平的小康社会，使经济更加发展、民主更加健全、科教更加进步、文化更加繁荣、社会更加和谐、人民生活更加殷实。

在21世纪第一个十年奋斗打下的坚实基础上，党的十八大提出了全面建成小康社会的宏伟目标，体现了从"全面建设"到"全面建成"的飞跃。党中央深刻认识到全面建成小康社会，最艰巨最繁重的任务在农村，特别是在贫困地区。没有农村的小康，特别是没有贫困地区的小康，就没有全面建成小康社会；贫穷不是社会主义，如果贫困地区长期贫困，面貌长期得不到改变，群众生活水平长期得不到明显提高，那就没有体现我国社会主义制度的优越性，那也不是社会主义。因此，必须时不我待抓好脱贫攻坚工作。党中央立下"决不能落

---

① 《邓小平文选》（第二卷），人民出版社1994年版，第237页。
② 《邓小平文选》（第三卷），人民出版社1993年版，第3页。
③ 《江泽民文选》（第三卷），人民出版社2006年版，第542页。

下一个贫困地区、一个贫困群众"的庄严承诺，拉开了新时代脱贫攻坚的序幕。在实践中，中国逐渐摸索出精准扶贫的理念和工作机制，在党的十九大上吹响了决战决胜脱贫攻坚的号角。中国坚持精准扶贫、尽锐出战，打赢了人类历史上规模最大的脱贫攻坚战，全国832个贫困县全部摘帽，近1亿农村贫困人口实现脱贫，960多万贫困人口实现易地搬迁，历史性地解决了绝对贫困问题，为全球减贫事业作出了重大贡献。脱贫攻坚战的全面胜利，标志着中国共产党在团结带领人民创造美好生活、实现共同富裕的道路上迈出了坚实的一大步。贫困地区发展步伐显著加快，经济实力不断增强，基础设施建设突飞猛进，脱贫群众不愁吃、不愁穿，义务教育、基本医疗、住房安全有保障，行路难、吃水难、用电难、通信难、上学难、就医难等问题得到历史性解决，所有深度贫困地区的最后堡垒被全部攻克，脱贫地区发生了巨大变化。

习近平总书记在庆祝中国共产党成立一百周年大会上庄严宣告，"经过全党全国各族人民持续奋斗，我们实现了第一个百年奋斗目标，在中华大地上全面建成了小康社会，历史性地解决了绝对贫困问题，正在意气风发向着全面建成社会主义现代化强国的第二个百年奋斗目标迈进"①。这充分彰显了全面建成小康社会在中国历史和社会主义发展史上的伟大贡献和重大意义。

三、夯实人民幸福生活的物质条件

人民是党执政兴国的最大底气，增进民生福祉是我们立党为公、执政为民的本质要求。2012年11月15日，党的十八大刚刚闭幕。面

---

① 《习近平谈治国理政》（第四卷），外文出版社2022年版，第3页。

对中外记者，新当选的中共中央总书记习近平，以一句真诚、质朴的话语为新时代开篇："人民对美好生活的向往，就是我们的奋斗目标。"①十年后，中国共产党第二十届中央政治局常委同中外记者见面，习近平总书记的宣示始终如一，"不断把人民对美好生活的向往变为现实"②。

新时代十年来，以习近平同志为核心的党中央坚持以人民为中心的发展思想，不断满足人民日益增长的美好生活需要，推动改革发展成果更多更公平地惠及全体人民，推动全体人民共同富裕取得更为明显的实质性进展，团结带领14亿多中国人民，成功推进和拓展了中国式现代化，交出了一份人民满意、世界瞩目、可以载入史册的发展答卷。

民生是最大的政治。"民为邦本，本固邦宁。"提高人民生活质量，为人民幸福生活提供保障，是古今中外的政治家都十分关注的经济问题，也是关系到国家长治久安的重大政治问题。《管子》提出："凡治国之道，必先富民。"虽然历代统治者都认识到保障民生的重要性，但是始终无法解决封建制度下"富者田连阡陌，贫者无立锥之地"的问题。到了近代，孙中山认识到民生的重要性，提出了以平均地权和节制资本为主要原则的民生主义的社会革命纲领，但也没能把百姓从水深火热的生活中彻底拯救出来。中国共产党从成立之日起，就坚持把为中国人民谋幸福、为中华民族谋复兴作为初心和使命，团结带领中国人民为创造自己的美好生活进行了长期艰辛奋斗。革命时期，毛泽东同志就提出革命的目的之一就是"为了使人民得到经济的

---

① 《习近平谈治国理政》（第一卷），外文出版社2018年版，第3页。
② 《习近平著作选读》（第二卷），人民出版社2023年版，第612页。

第三章
中国式现代化是物质文明和精神文明相协调的现代化

幸福"①。"全心全意为人民服务"是中国共产党人的出发点和立足点,"把屁股端端地坐在老百姓的这一面"是中国共产党人的实践要求和工作态度。党团结带领广大农民"打土豪、分田地",实现"耕者有其田",帮助穷苦人翻身得解放,赢得了最广大人民的支持和拥护,夺取了中国革命的胜利。面对革命胜利后百废待兴的社会局面,毛泽东同志指出,如果"不能使生产事业尽可能迅速地恢复和发展,获得确实的成绩,首先使工人生活有所改善,并使一般人民的生活有所改善,那我们就不能维持政权,我们就会站不住脚,我们就会要失败"②。党带领人民推进社会主义建设,组织人民自力更生、发愤图强、重整山河,为摆脱贫困、改善人民生活打下了坚实基础,使一穷二白、人口众多的东方大国实现了大步迈进社会主义社会的伟大飞跃。改革开放后,为了加快推动改善民生,实现小康社会和现代化建设的目标,邓小平同志提出:"党只有紧紧地依靠群众,密切地联系群众,随时听取群众的呼声,了解群众的情绪,代表群众的利益,才能形成强大的力量,顺利地完成自己的各项任务。"③党带领人民着力解放和发展社会生产力,着力保障和改善民生,取得了前所未有的伟大成就,实现了人民生活从温饱不足到总体小康、奔向全面小康的历史性跨越。新时代,我国社会主要矛盾转化为人民日益增长的美好生活需要和不平衡不充分的发展之间的矛盾。习近平总书记指出:"中国共产党领导人民打江山、守江山,守的是人民的心。"④民生连

---

① 《毛泽东文集》(第一卷),人民出版社1993年版,第21页。
② 《毛泽东选集》(第四卷),人民出版社1991年版,第1428页。
③ 《邓小平文选》(第二卷),人民出版社1994年版,第342页。
④ 习近平:《高举中国特色社会主义伟大旗帜 为全面建设社会主义现代化国家而团结奋斗——在中国共产党第二十次全国代表大会上的报告》,人民出版社2022年版,第46页。

着民心，人民最关心最直接最现实的利益问题和人民群众急难愁盼问题是中国共产党必须要解决好的紧迫任务。党的十九大把"坚持在发展中保障和改善民生"作为新时代坚持和发展中国特色社会主义的基本方略之一，党的二十大把"增进民生福祉，提高人民生活品质"摆在更加突出的位置，充分彰显了对人民生活的高度重视，用实际行动兑现着"实现人民对美好生活的向往"的庄严承诺。

坚持以人民为中心的发展思想。"无产阶级的运动是绝大多数人的，为绝大多数人谋利益的独立的运动。"[1]中国共产党是马克思主义政党，人民性是马克思主义的本质属性，人民立场是马克思主义政党的根本政治立场。中国共产党根基在人民、血脉在人民、力量在人民。中国共产党始终代表最广大人民的根本利益，与人民休戚与共、生死相依，没有任何自己特殊的利益，从来不代表任何利益集团、任何权势团体、任何特权阶层的利益。中国共产党的一切理论都是围绕着为人民谋幸福而提出，一切行动都是为了让人民能够过上更加美好的生活。进入新时代，党一以贯之坚持人民立场，结合新的实际对发展问题和民生问题作出新的思考，提出以人民为中心的发展思想。习近平总书记指出："我们的人民热爱生活，期盼有更好的教育、更稳定的工作、更满意的收入、更可靠的社会保障、更高水平的医疗卫生服务、更舒适的居住条件、更优美的环境，期盼孩子们能成长得更好、工作得更好、生活得更好。"[2]中国紧紧抓住人民最关心最直接最现实的利益问题，在幼有所育、学有所教、劳有所得、病有所医、老有所养、住有所居、弱有所扶上持续用力，加强和创新社会治理，着力解决好人民群众急难愁盼问题，使人民获得感、幸福感、安全感

---

[1] 《马克思恩格斯文集》（第二卷），人民出版社2009年版，第42页。
[2] 《习近平谈治国理政》（第一卷），外文出版社2018年版，第4页。

第三章
中国式现代化是物质文明和精神文明相协调的现代化

更加充实、更有保障、更可持续。党的二十大开启了实现第二个百年奋斗目标新征程,中国共产党正带领全体人民为实现人民生活更加幸福美好,居民人均可支配收入再上新台阶,中等收入群体比重明显提高,基本公共服务实现均等化,农村基本具备现代生活条件,社会保持长期稳定,人的全面发展、全体人民共同富裕取得更为明显的实质性进展的民生新目标而不懈奋斗。

坚持在发展中保障和改善民生。不同于西方现代化模式下物质文明的发展为的是资本的利益、发展成果为少数人攫取的情况,中国式现代化发展物质文明是以最广大人民幸福生活为目的的,发展和民生呈现出辩证统一、相得益彰的关系,既要发展经济为持续改善民生奠定坚实物质基础,又要持续不断改善民生为经济发展创造更多有效需求。新时代,我国经济实力实现历史性跃升的同时,人民生活也得到全方位改善:人均预期寿命增长到78.2岁;居民人均可支配收入从16500元增加到35100元;城镇新增就业年均1300万人以上;建成世界上规模最大的教育体系、社会保障体系、医疗卫生体系,教育普及水平实现历史性跨越,基本养老保险覆盖10.4亿人,基本医疗保险参保率稳定在95%;及时调整生育政策;改造棚户区住房4200多万套,改造农村危房2400多万户,城乡居民住房条件明显改善;互联网上网人数达10.3亿人。[①]这份成绩单不是轻轻松松、敲锣打鼓就能取得的,而是党中央带领全国人民在世界变局加快演变、新冠肺炎疫情冲击、国内经济下行等多重考验下打拼出来的,十分不易,更显珍贵。人民群众不但是新时代中国特色社会主义伟大成就的创造者,还是伟

[①] 参见习近平:《高举中国特色社会主义伟大旗帜 为全面建设社会主义现代化国家而团结奋斗——在中国共产党第二十次全国代表大会上的报告》,人民出版社2022年版,第10—11页。

大成就的享有者。进入新时代，人民群众的获得感、幸福感、安全感更加充实、更有保障、更可持续，全体人民共同富裕取得新成效。

四、着力推动高质量发展

坚持稳中求进工作总基调。新时代十年，我国经济实力实现历史性跃升，国内生产总值翻了一番，对世界经济增长的平均贡献率超过30%；发展平衡性、协调性、可持续性明显增强，迈上更高质量、更有效率、更加公平、更可持续、更为安全的发展之路。面对复杂严峻的风险挑战和艰巨繁重的任务，中国经济的韧性进一步凸显、潜力和活力持续释放，多方面优势和条件构筑了有力支撑，长期向好的基本面不会改变。2020—2022年间，面对新冠肺炎疫情的反复跌宕，以习近平同志为核心的党中央高效统筹疫情防控和经济社会发展，带领中国交出世所瞩目的成绩单：2020年成为全球率先实现经济正增长的主要经济体；2021年经济规模突破110万亿元，两年平均增长5.1%；2022年经济顶住压力、稳中求进，持续巩固回升态势。成如容易却艰辛，这一份亮眼的成绩单是以习近平同志为核心的党中央团结带领亿万人民，经受重重考验，推动中国经济攻坚克难、勇毅前行的证明。党的十八大以来，习近平总书记深刻总结我国经济发展的成功经验，从新的实际出发，提出一系列新理念新思想新战略，形成了习近平经济思想，成为新时代做好经济工作的根本遵循和行动指南，指引中国经济不断迈上新台阶。十年间，中国国内生产总值从54万亿元增长到114万亿元；制造业规模、外汇储备稳居世界第一；在全球创新指数中的排名从第34位升至第11位。十年间，社会主义基本经济制度不断发展和完善，社会主义市场经济体制的生机活力不断释放；统筹发展和安全，粮食安全、能源安全得到有效保障。十年间，

第三章
中国式现代化是物质文明和精神文明相协调的现代化

中国克服了重重困难：面对中美经贸摩擦，始终站在历史正确一边，坚决捍卫国家和人民利益，坚决捍卫自由贸易和多边体制；面对世纪疫情，最大限度保护人民生命健康，也最大限度稳住了经济社会发展基本盘；面对需求收缩、供给冲击、预期转弱三重压力，坚持稳字当头、稳中求进，多措并举巩固经济恢复基础。当前，世界百年未有之大变局加速演进，世界之变、时代之变、历史之变正以前所未有的方式展开，中国发展面临新的战略机遇和风险挑战。但是正如习近平总书记宣示的那样，"中国经济韧性强、潜力足、回旋余地广、长期向好的基本面不会改变"[①]。

贯彻新发展理念。"没有坚实的物质技术基础，就不可能全面建成社会主义现代化强国。"[②]党的十一届三中全会以后，我们深刻总结我国社会主义建设正反两方面的经验，作出把党和国家工作中心转移到经济建设上来、实行改革开放的历史性决策，取得了改革开放和社会主义现代化建设的伟大成就，创造了经济快速发展和社会长期稳定两大奇迹。但是经过多年快速发展，中国经济也面临一系列挑战：经济下行压力加大，资源环境约束日益强化，产业升级阻力重重，传统动能不断削弱，一些地方和部门仍片面追求速度和规模、实行粗放的发展方式等。面对这些严峻挑战和发展隐忧，习近平总书记敏锐判断、前瞻思考，指出经济"增长必须是实实在在和没有水分的增长，

[①] 习近平：《把握时代潮流　加强团结合作　共创美好未来——在上海合作组织成员国元首理事会第二十二次会议上的讲话》，人民出版社2022年版，第10页。

[②] 习近平：《高举中国特色社会主义伟大旗帜　为全面建设社会主义现代化国家而团结奋斗——在中国共产党第二十次全国代表大会上的报告》，人民出版社2022年版，第28页。

是有效益、有质量、可持续的增长"①。我国"主要依靠资源等要素投入推动经济增长和规模扩张的粗放型发展方式是不可持续的"②,"新路在哪里?就在科技创新上,就在加快从要素驱动、投资规模驱动发展为主向以创新驱动发展为主的转变上"③。以习近平同志为核心的党中央洞察大势、科学研判,作出了中国经济发展正处于"三期叠加"④特定阶段的重要判断,并在此基础上强调中国经济发展步入新常态,这意味着中国的发展开始从高速增长转为中高速增长,从要素和投资驱动转为创新驱动,经济结构要不断优化升级。中国发展环境和发展条件的变化要求我们必须用新的发展理念引领发展。基于以上认识和思考,习近平总书记在2015年10月召开的党的十八届五中全会上正式提出要坚持创新、协调、绿色、开放、共享的新发展理念,以创新发展解决发展动力问题,以协调发展解决发展不平衡问题,以绿色发展解决人与自然和谐问题,以开放发展解决发展内外联动问题,以共享发展解决社会公平正义问题。新时代新阶段对新发展理念的完整、准确、全面贯彻,引领我国经济发展取得了历史性成就、发生了历史性变革。正如党的二十大报告所指出的,"贯彻新发展理念是新时代我国发展壮大的必由之路"⑤,必须完整、准确、全面贯彻新发展理念,推动中国经济行稳致远。

构建新发展格局。目前,我国发展虽然正值新的战略机遇期,但

---

① 《习近平谈治国理政》(第一卷),外文出版社2018年版,第112页。

②③ 《习近平谈治国理政》(第一卷),外文出版社2018年版,第120页。

④ "三期叠加"中的"三期"指增长速度换挡期、结构调整阵痛期、前期刺激政策消化期。

⑤ 习近平:《高举中国特色社会主义伟大旗帜 为全面建设社会主义现代化国家而团结奋斗——在中国共产党第二十次全国代表大会上的报告》,人民出版社2022年版,第70页。

第三章
中国式现代化是物质文明和精神文明相协调的现代化

是也面临众多复杂严峻的问题。世纪疫情影响深远,逆全球化思潮抬头,单边主义、保护主义明显上升,世界经济复苏乏力,局部冲突和动荡频发,全球性问题加剧,世界进入新的动荡变革期。在这些不稳定不确定的国际因素的影响下,全球产业链供应链面临冲击,传统国际循环弱化,世界站在十字路口面临向何处去的问题。面对世界之变、时代之变、历史之变,中国向世界宣示:中国开放的大门不会关闭,只会越开越大!同时,相比以前,我国大进大出的环境条件已经变化,只有立足自身,充分发挥国内超大规模市场优势,才能塑造我国参与国际合作和竞争的新优势。党中央带领新时代的中国牢牢把握发展主动,加快构建新发展格局,在应对风险挑战中统筹推进发展和安全。构建新发展格局首先要立足扩大内需,在畅通经济循环中激发活力。我国是拥有14亿多人口的大国,其中有4亿多中等收入人口,党的十八大以来,我们坚持实施扩大内需战略,使发展更多依靠内需尤其是消费需求拉动。例如,我国每年的"双十一"购物节已经成为重要消费节日,成交额年年攀升,2022年已经达到5571亿元,显示出我国巨大的内需潜力。在当前国际形势充满不稳定性、不确定性的背景下,立足国内、依托国内大市场优势,充分挖掘内需潜力,有利于化解外部冲击和外需下降带来的影响,也有利于在极端情况下保证我国经济基本正常运行和社会大局总体稳定。构建新发展格局也要坚持高水平对外开放,在内外联动格局中重塑优势。构建新发展格局要实现的是开放的国内国际双循环,不是封闭的国内单循环。发挥内需潜力不是关起门来搞封闭运行,而是以国内大循环吸引全球资源要素,更好利用国内国际两个市场两种资源,提高全球配置资源能力,更好争取开放发展中的战略主动。习近平总书记鲜明指出:"中国经济发展前景广阔,中国将坚定不移推进改革开放,加快转变发展方式,坚定不移奉行对外开放政策,继续为外国企业提供更好的环境和条件，中国的发展将为世界作出更大贡献。"①构建新发展格局要坚持统筹发展和安全，实现高质量发展和高水平安全的良性互动。发展和安全，如鸟之两翼、车之双轮，要以新安全格局保障新发展格局，确保粮食、能源资源、重要产业链供应链安全，保障好初级产品供给，着力提升产业链供应链的韧性和安全水平。

---

① 《习近平谈治国理政》（第一卷），外文出版社2018年版，第113页。

第二节

增强实现中华民族伟大复兴的精神力量

人无精神不立,国无精神不强。一个民族想要在历史的浪潮中发展壮大,在人类文明的百花园中留下自己的独特色彩,必须有精神文化的坚实支撑。古希腊因三贤的哲学思想而不朽,古罗马的斗兽场至今让人凭吊神往,耶路撒冷以三教圣地而名留于世……凡是伟大的民族无不曾创造出恢宏的文明和灿烂的文化,照亮了人类的精神星空。中华民族是人类历史上伟大的民族,中华民族的先民们创造了包括儒家思想、唐诗宋词、书画瓷器等在内的璀璨辉煌的文明成果。实现伟大梦想,必须有深厚强劲的精神动力。站在实现中华民族伟大复兴新征程的起点上,我们更需要坚定信仰之路,张开思想之帆,鼓足精神之力,敞开文明之门,实现人民精神生活的丰富发展,充实中国式现代化的精神底蕴,以饱满的精神面貌和厚重的文明气魄书写中华民族发展史的新篇章。

一、文化兴国运兴,文化强民族强

文化是国家和民族发展更基本、更深沉、更持久的力量。一个国家、一个民族如果只有经济上的强盛,而没有文化和精神上的建树和

大国新路
——中国式现代化的中国特色

传承，便难以真正自立自强，生生不息，立于世界民族之林。古代中国的辉煌与自信来自思想文化的活跃开放，"九天阊阖开宫殿，万国衣冠拜冕旒"描绘的就是中华文明鼎盛之时的景象。中国近代的衰败凋零也与文化文明落后于人有关，"秋风宝剑孤臣泪，落日旌旗大将坛"显示出近代国人气魄的衰微和精神的低迷。顽强的中国人民从未丢掉自己的民族气和爱国心，而是在一次次顽强斗争中明确了实现中华民族伟大复兴的伟大梦想。中国共产党的诞生深刻改变了中国人民和中华民族的前途命运，带领人民实现了从立国、富国到强国的伟大飞跃，找到了建设中国新文化、提升人民精气神的精神文明发展之路。进入新时代，以习近平同志为核心的党中央高度重视精神文明建设，使中国人民的精神面貌有了极大改观，文化自信明显增强，全社会凝聚力和向心力有了极大提升，正在朝着建设社会主义文化强国的目标、朝着实现人的全面发展的理想奋勇前进。

一以贯之抓好社会主义精神文明建设。建成物质财富极大丰富、人民精神境界极大提高、每个人自由而全面发展的共产主义社会，是马克思主义最崇高的社会理想，也是中国共产党自诞生之日起就矢志不渝的追求。中国共产党一贯重视丰富人的精神世界，提升社会文化水准，为人类文明作贡献，中国共产党的百年奋斗史也是一部思想发展史和精神锻造史。从理论上看，中国共产党坚持以马克思主义教育和引导人民，不断提升人的精神境界，党的历届领导人对此都作出了重要论述。作为中国最早的马克思主义者、中国共产党的主要创始人之一，李大钊已经注意到改造人的精神生活对于社会变革进程有着巨大的推动作用，提出"物心两面改造论"。他认为应该在物质改造的基础上更多关注精神改造，两者必须一同进行。毛泽东同志在《湖南农民运动考察报告》中指出，农民运动具有"推翻祠堂族长的族权和

第三章
中国式现代化是物质文明和精神文明相协调的现代化

城隍土地菩萨的神权以至丈夫的男权"①的作用，描述了社会革命时期封建旧文化遭到冲击和新文化逐步确立的历史场景，反映了人民在精神生活上的觉醒。毛泽东同志高度重视提升人的精神境界，他指出："人是要有一点精神的，无产阶级的革命精神就是由这里头出来的。"②改革开放后，邓小平同志提出："我们现在搞两个文明建设，一是物质文明，一是精神文明。"③随着改革开放的深入，我国社会逐渐滋生出一些丑恶腐朽的东西，邓小平同志高度重视，指出要在生产力发展的基础上"坚持两手抓，社会主义精神文明建设就可以搞上去"④。江泽民同志提出："物质贫乏不是社会主义，精神空虚也不是社会主义。"⑤胡锦涛同志提出："社会主义精神文明建设同社会主义物质文明建设一样，归根到底都是为人民群众谋利益的事业。"⑥从实践上看，中国共产党孕育于新文化运动和马克思主义广泛传播的大背景下，延安时期又通过整风运动和理论学习极大提升了党员群众的思想境界。新中国成立后，民间开展大规模扫盲运动，党内推行集中教育，文艺界倡导"双百"方针，文化事业和文化产业在改革开放后得到大力发展，社会主义精神文明建设切实加强。中国共产党始终把文化发展和精神文明建设放在治国理政的重要位置，一以贯之抓好社会主义精神文明建设工作，为实现中华民族伟大复兴凝魂聚力。

党的十八大以来，习近平总书记准确把握世界范围内思想文化相互激荡、我国社会思想观念深刻变化的趋势，对抓好社会主义精神文

---

① 《毛泽东选集》（第一卷），人民出版社1991年版，第31页。
② 《毛泽东文集》（第七卷），人民出版社1999年版，第162页。
③ 《邓小平文选》（第三卷），人民出版社1993年版，第156页。
④ 《邓小平文选》（第三卷），人民出版社1993年版，第379页。
⑤ 《江泽民文选》（第一卷），人民出版社2006年版，第621页。
⑥ 《胡锦涛文选》（第一卷），人民出版社2016年版，第243页。

明建设提出了一系列新思想、新观点、新方法,为新时代做好精神文明建设指明了方向,把精神文明建设的理论和实践推向新高度。

摒弃物质主义膨胀的现代化老路。人类的现代化进程是由资本主义国家率先开创和主导的,因此人们很容易将现代化和资本主义化相混淆。正像《共产党宣言》所说的那样:"资产阶级在它的不到一百年的阶级统治中所创造的生产力,比过去一切世代创造的全部生产力还要多,还要大。"[①]以三次工业革命为标志,资本主义的现代化在发展过程中创造过巨大的物质成就,资产阶级思想家也在批判宗教神学和封建束缚的过程中提出了以人本主义、启蒙理性和科学精神为代表的进步观点,但是伴随着社会生产力的快速发展、物质生活的巨大进步,人类社会开始面临巨大的社会问题,现代化也带来了"现代病"。众多病症中很突出的一个问题就是人的精神生活与物质生活发展的不协调,膨胀的物质主义挤压和异化了精神生活,物质丰裕的背后是精神的贫困。在这样的社会中,人的独特个性被消解了,每个人都像是流水线上生产出的商品,片面浅薄、精神空洞,成为"单面的人"。面对物质和精神的矛盾时,人不再向往崇高,讲求精神境界和人际和谐,而是热衷于物质追求,导致享乐主义、拜金主义、极端个人主义的思潮泛滥。社会各领域在经济利益和社会效益发生矛盾时,只追求经济利益的满足,而忽视了社会效益的进步与否。这无疑与人类对自由全面发展的追求、对社会生活和谐的向往相背离。马克思、恩格斯及其后继者对这种社会现实进行了深刻批判,开始谋划更加理想的现代化方案,探寻更加科学的非资本主义的现代化道路。

中国共产党以马克思主义为指导,自成立之日起就开始深刻批判、反思资本主义现代化的负面效应,探索超越资本主义的现代化新

[①]《马克思恩格斯文集》(第二卷),人民出版社2009年版,第36页。

第三章
中国式现代化是物质文明和精神文明相协调的现代化

道路,并且在探索中明确认识到了要摒弃物质主义膨胀的现代化老路,开辟了中国式现代化新道路,开始以中国特色社会主义文化发展道路推进社会主义精神文明建设。改革开放以来,我们党对文化建设和精神文明建设的认识不断深化,并在新时代把文化建设提升到一个新的历史高度,实现了从"建设社会主义精神文明"到"建设有中国特色社会主义文化",再到新时代确立"建设社会主义文化强国"远景目标的战略转型和目标升级,经历了从"提高全民族的思想文化素质、为经济建设服务"到"注重满足人民群众的精神文化需求""保障人民群众基本文化权益",再到新时代"推进文化自信自强""提升文化软实力"的策略调整和着力点转移。党对中国特色社会主义文化发展道路的认识更加深刻,实践愈发有力。可以说,不坚持中国特色社会主义文化发展道路,就无法繁荣发展中国特色社会主义文化,就不能推进群众精神生活的共同富裕,也无法推进和拓展中国式现代化、实现中华民族的伟大复兴。坚持中国特色社会主义文化发展道路,首要的就是增强文化自信。文化自信虽然在"四个自信"中提出最晚,却是更基础、更深厚、更广泛的自信,是所有国家和民族发展进程中最根本、最深沉、最持久的力量。党的十八大以来,我们继承创新中华优秀传统文化,弘扬革命文化和社会主义先进文化,在实践中推动中华优秀传统文化创造性转化、创新性发展,激活了古老的中华文明,创造了人类文明新形态;加强革命文物保护利用,赓续红色血脉,让人民群众接受红色文化的精神洗礼;坚持为人民服务、为社会主义服务,涌现出各类影视、戏剧、文学、艺术作品,极大充实了人民的精神生活。坚持中国特色社会主义文化发展道路,必须紧紧围绕举旗帜、聚民心、育新人、兴文化、展形象的使命任务,建设社会主义文化强国。一方面,要坚持马克思主义在意识形态领域的指导地位,用科学思想为国家民族立心立魂,以社会主义核心价值观培根铸魂，提高全民族思想道德水平和社会文明程度；另一方面，要在守正创新的基础上坚持发展面向现代化、面向世界、面向未来的，民族的科学的大众的社会主义文化，繁荣发展文化事业和文化产业，增强中华文明传播力和影响力，不断提升国家文化软实力，推动中华文化更好地走向世界。

二、推进马克思主义中国化时代化

马克思主义是人类有史以来对社会发展规律揭示最为深刻、对社会发展方向改变最为巨大、对社会发展前景展望最为科学的思想理论。马克思主义传入中国后，以它的科学性不断吸引先进知识分子来研究信仰，以它的人民性不断召唤广大人民来团结斗争，以它的实践性不断在历史的发展运动中改天换地、推动历史车轮向着光明前进，以它的发展开放性不断吸收人类文明的先进成果从而持续站在时代潮头。中国共产党一经诞生就把马克思主义确立为党的指导思想和行动指南，奉为党的灵魂和旗帜，作为共产党人认识世界、把握规律、追求真理、改变世界的强大思想武器。在学习运用马克思主义的过程中，在对照正反两方面经验的过程中，中国共产党深刻认识到马克思主义不是教条，不是真理的终点，而是开辟了通往真理的道路，必须在实践中不断研究中国实际、把握时代大势、掌握历史主动，不断推进实践基础上的理论创新，推进马克思主义中国化时代化。

建设具有强大凝聚力和引领力的社会主义意识形态。改革开放后的一段时期，我国意识形态领域曾出现过党的领导弱化，马克思主义一定程度上被边缘化、空泛化、标签化，社会舆论乱象丛生，西化思维存在于理论研究中，网络空间缺乏正能量等现象。这些现象如果长期存在下去，将会极大影响和破坏国家的长治久安、党的执政安全和

第三章
中国式现代化是物质文明和精神文明相协调的现代化

人民的安居乐业。中国共产党始终坚持马克思主义在意识形态领域的指导地位，针对相关问题出台有效措施。尤其是党的十八大以来，以习近平同志为核心的党中央深刻把握意识形态领域建设规律，指出"意识形态工作是党的一项极端重要的工作"①，要牢牢掌握意识形态工作领导权，守土有责、守土负责、守土尽责，敢抓敢管、敢于斗争，旗帜鲜明反对和抵制各种错误观点，确立和坚持马克思主义在意识形态领域指导地位的根本制度，推动我国意识形态领域发生全局性、根本性转变。我们全面落实意识形态工作责任制，为意识形态工作提供有效抓手和有力保障；我们巩固壮大奋进新时代的思想舆论，大力批驳、揭露、抵制历史虚无主义、西方普世价值论、宪政民主等各种错误思潮，激浊扬清；我们从正本清源入手加强宣传思想工作，习近平总书记亲自主持召开一系列重要会议，就一系列根本性问题阐明原则立场，廓清了理论是非，校正了工作导向，使思想文化领域向上向好态势不断发展；我们明确宣传思想工作和新闻舆论工作要坚持"两个巩固"的根本目标，即巩固马克思主义在意识形态领域的指导地位，巩固全党全国人民团结奋斗的共同思想基础。

哲学社会科学的发展水平反映了一个民族的思维能力、精神品格、文明素质，体现了一个国家的综合国力和国际竞争力。一个没有繁荣的哲学社会科学的国家，不可能走在世界前列。面对我国哲学社会科学领域亟待解决的问题，习近平总书记鼓舞哲学社会科学工作者加倍努力，指出"这是一个需要理论而且一定能够产生理论的时代，这是一个需要思想而且一定能够产生思想的时代"②，并且提出了加

---

① 《习近平谈治国理政》（第一卷），外文出版社2018年版，第153页。
② 习近平：《在哲学社会科学工作座谈会上的讲话》，人民出版社2016年版，第8页。

快构建中国特色哲学社会科学的重大命题和光荣任务,不断推进中国特色哲学社会科学学科体系、学术体系、话语体系建设,培育壮大哲学社会科学人才队伍。

互联网是意识形态斗争的主阵地、主战场、最前沿。保障意识形态安全,要推进网络强国建设,加快推动媒体融合发展,利用网络更好地凝聚社会共识,巩固全党全国人民团结奋斗的共同思想基础。要使主流媒体具有强大传播力、引导力、影响力、公信力,形成网上网下同心圆,使全体人民在理想信念、价值理念、道德观念上紧紧团结在一起,让正能量更强劲、主旋律更高昂。要健全互联网领导和管理体制,坚持依法管网治网,营造清朗的网络空间,推动形成良好网络生态。

谱写马克思主义中国化时代化新篇章。把坚持马克思主义和发展马克思主义相统一,这是我们党坚定信仰信念、把握历史主动、从胜利走向胜利的根本原因。实践告诉我们,中国共产党为什么能,中国特色社会主义为什么好,归根到底是马克思主义行,是中国化时代化的马克思主义行。在新民主主义革命时期以及社会主义革命和建设时期,毛泽东思想创造性地运用和发展了马克思列宁主义,实现了马克思主义中国化的第一次历史性飞跃。在改革开放和社会主义现代化建设新时期,党从新的实践和时代特征出发坚持和发展马克思主义,形成了中国特色社会主义理论体系,实现了马克思主义中国化新的飞跃。

党的十八大以来,以习近平同志为核心的党中央把握国内外形势新变化和实践发展新要求,从理论和实践的结合上深入回答了关系党和国家事业发展的一系列重大时代课题,对共产党执政规律、社会主义建设规律、人类社会发展规律的认识达到了新境界,创立了习近平新时代中国特色社会主义思想。习近平新时代中国特色社会主义思想是当代中国马克思主义、二十一世纪马克思主义,是中华文化和中国精神的时代精华,实现了马克思主义中国化新的飞跃,开辟了马克思主义中国化时代化新境界。

中国共产党深刻总结推进马克思主义中国化时代化的基本规律，认识到只有把马克思主义基本原理同中国具体实际相结合、同中华优秀传统文化相结合，用马克思主义观察时代、把握时代、引领时代，才能正确回答时代之问，才能永葆理论生机活力，才能使马克思主义和中国互不辜负，让马克思主义在中国牢牢扎根，不断推动实践进步和理论创新。

坚持用习近平新时代中国特色社会主义思想武装全党、教育人民。世界社会主义实践的曲折历程表明，马克思主义政党一旦放弃马克思主义信仰、社会主义和共产主义信念，就会土崩瓦解；人民群众一旦失去了对共产主义远大理想的真诚渴望、对社会主义建设目标的坚定追求、对党的意识形态的亲近信服，就会离心离德。习近平总书记指出："实践证明，马克思主义的命运早已同中国共产党的命运、中国人民的命运、中华民族的命运紧紧连在一起，它的科学性和真理性在中国得到了充分检验，它的人民性和实践性在中国得到了充分贯彻，它的开放性和时代性在中国得到了充分彰显！"[①]新征程上，面对伟大而艰巨的中国式现代化事业，面对前进道路上的各种风险挑战，我们迫切需要坚持用习近平新时代中国特色社会主义思想和社会主义意识形态武装全党、教育人民，为国家立心，为民族铸魂。

树立共产主义远大理想和中国特色社会主义共同理想。这事关信仰信念。对马克思主义的信仰、对社会主义和共产主义的信念，是共产党人的政治灵魂，是共产党人经受住任何考验的精神支柱。没有了信仰，共产党人精神上会"缺钙"，会得"软骨病"；没有了共同信

---

① 习近平：《在纪念马克思诞辰200周年大会上的讲话》，人民出版社2018年版，第14页。

念，群众会变成群氓，变成马克思所说的"一个个马铃薯"。因此，我们必须用远大理想和共同信念教育引导广大党员和人民群众，强基固本，在以中国式现代化全面推进中华民族伟大复兴的历史伟业中凝心聚力，破浪前行。

夯实党的创新理论的历史基础和群众基础。这事关价值根基。马克思主义与中华优秀传统文化具有高度契合性。习近平新时代中国特色社会主义思想是中华文化和中国精神的时代精华，社会主义核心价值观是中华传统美德的社会主义新形态。我们要深刻把握人民群众日用而不觉的共同价值观念，着力推动党的思想理论和意识形态成为人民所喜爱、所认同、所拥有的理论，成为指导人民认识世界和改造世界的强大思想武器。

三、满足人民日益增长的精神文化需求

人民的需求是多方面的。马克思指出，人类生存和创造历史的第一个前提就是"必须能够生活。但是为了生活，首先就需要吃喝住穿以及其他一些东西。因此第一个历史活动就是生产满足这些需要的资料，即生产物质生活本身"[①]。人与动物的最大区别就在于人还有精神需求。人民对精神文化生活的需求时刻都存在，并且会随着生活水平的进步而不断提高。新时代人民群众对美好生活的需要，很大程度上就是对更多更好的精神食粮的需求。满足人民日益增长的精神文化需求，要大力培育和践行社会主义核心价值观和核心价值体系，激发核心价值观的强大感召力；要弘扬以伟大建党精神为源头的精神谱系，继承党和人民创造的宝贵精神财富，从中汲取力量；要提高全社

---

① 《马克思恩格斯文集》（第一卷），人民出版社2009年版，第531页。

第三章
中国式现代化是物质文明和精神文明相协调的现代化

会文明程度,培育文明风尚,塑造优良风气。

培育和践行社会主义核心价值观。"人类社会发展的历史表明,对一个民族、一个国家来说,最持久、最深层的力量是全社会共同认可的核心价值观。"①如果一个民族、一个国家没有共同的核心价值观,莫衷一是,行无依归,那这个民族、这个国家就无法前进。社会主义核心价值观是当代中国精神的集中体现,是凝聚人心、汇聚民力的强大力量,在党和国家事业中发挥着稳定器和精神纽带的作用。要通过教育引导、舆论宣传、文化熏陶、实践养成、制度保障等,使社会主义核心价值观内化为人们的精神追求,外化为人们的精神自觉。

新时代,我们深化爱国主义、集体主义、社会主义教育,着力培养担当民族复兴大任的时代新人,广泛开展中国特色社会主义和中国梦宣传教育,推动理想信念教育常态化制度化,完善思想政治工作体系,建立健全党和国家功勋荣誉表彰制度,设立烈士纪念日,深化群众性精神文明创建,建设新时代文明实践中心,推动学习大国建设。我们推动学习党史、新中国史、改革开放史、社会主义发展史、中华民族发展史,坚持以重大庆祝活动和典礼仪式汇聚力量、振奋人心、鼓舞士气,先后开展纪念中国人民抗日战争暨世界反法西斯战争胜利七十周年、庆祝中国人民解放军建军九十周年、庆祝改革开放四十周年、庆祝中华人民共和国成立七十周年、纪念中国人民志愿军抗美援朝出国作战七十周年、庆祝中国共产党成立一百周年等活动,在全社会唱响主旋律,凝聚正能量,激发爱国情,砥砺强国志。

弘扬以伟大建党精神为源头的精神谱系。中国共产党的先驱们在风雨如晦之时创建了中国共产党,在建党实践中形成了坚持真理、坚守理想,践行初心、担当使命,不怕牺牲、英勇斗争,对党忠诚、不

---

① 《习近平谈治国理政》(第一卷),外文出版社2018年版,第168页。

负人民的伟大建党精神。这是中国共产党的精神之源，是中国共产党人敢于牺牲、不懈奋斗的精神支柱。在一百多年的非凡奋斗历程中，一代又一代中国共产党人顽强拼搏、不懈奋斗，涌现了一大批视死如归的革命烈士、一大批顽强奋斗的英雄人物、一大批忘我奉献的先进模范，形成了一系列伟大精神，构筑起了中国共产党人的精神谱系，锤炼出鲜明的政治品格，为我们立党兴党强党提供了丰厚滋养。新民主主义革命时期，党带领人民浴血奋战、百折不挠，在争取民族独立和人民解放的救国实践中，形成了井冈山精神、长征精神、延安精神、抗战精神等。社会主义革命和建设时期，党带领人民自力更生、发愤图强，在争取独立自主、建设新世界的建国立制的实践中，形成了抗美援朝精神、"两弹一星"精神、雷锋精神等。改革开放和社会主义现代化建设新时期，党带领人民解放思想、锐意进取，在争取国家富强、人民幸福的富国实践中形成了改革开放精神、抗震救灾精神、女排精神等。中国特色社会主义新时代，党带领人民自信自强、守正创新，在争取全面小康、民族复兴的强国实践中形成了脱贫攻坚精神、"三牛"精神、丝路精神等。这些精神，集中彰显了中国人民和中华民族长期以来形成的伟大创造精神、伟大奋斗精神、伟大团结精神、伟大梦想精神，彰显了一代又一代中国共产党人"为有牺牲多壮志，敢教日月换新天"的奋斗精神。一个民族唯有精神上站得住、站得稳，才能在历史洪流中屹立不倒、挺立潮头。党和人民在奋斗中留下的这些宝贵精神财富，必将不断展现出跨越时空、历久弥新的滋养作用和巨大力量。

　　提高全社会文明程度。社会文明程度是社会成员的思想境界、道德素质、行为习惯的集中呈现，良好的社会文明程度是保障和促进每个人安居乐业、勤劳奋斗、诚恳互信、友爱互助的重要因素，是精神文明建设成果的隐性体现。社会文明风尚需要社会成员共同维护和提

第三章
中国式现代化是物质文明和精神文明相协调的现代化

升,需要各行业各领域共建共享,要以推动落实社会公德、职业道德、家庭美德、个人品德教育为抓手。正如习近平总书记所指出的:"夯实国内文化建设根基,一个很重要的工作就是从思想道德抓起,从社会风气抓起,从每一个人抓起。"①

社会公德层面,我们宣传节约光荣、浪费可耻的思想观念,狠刹浪费之风,在党内坚定落实中央八项规定,坚决纠治"四风",政风民风取得巨大改善。职业道德层面,我们弘扬劳动最光荣、劳动最崇高、劳动最伟大、劳动最美丽的观念,把劳动教育纳入人才培养全过程,培养热爱劳动、勤于劳动、善于劳动的高素质劳动者。家庭美德层面,我们注重家庭、家教、家风。强调每个家庭都应该在言传身教、身体力行、耳濡目染中帮助孩子扣好人生第一粒扣子,迈好第一级台阶。每一位家庭成员都要在为家庭谋幸福、为社会作贡献中成就自身价值,提高精神境界。各级领导干部要高度重视家风,带头抓好家风,弘扬中华优秀传统文化,继承和弘扬红色家风。个人品德层面,我们坚持实施公民道德建设工程,弘扬中华传统美德,不断提升人民思想觉悟、道德水准、文明素养和全社会文明程度。在脱贫攻坚和乡村振兴中推进移风易俗,培育淳朴民风,弘扬文明新风,让艰苦奋斗、苦干实干、用自己双手创造幸福生活的精神蔚然成风。

繁荣发展文化事业和文化产业。新时代,我们坚持以人民为中心的创作导向,推出更多增强人民精神力量的优秀作品,培育造就德艺双馨的文学艺术家和文艺工作者。习近平总书记指出:"文学、戏剧、电影、电视、音乐、舞蹈、美术、摄影、书法、曲艺、杂技以及民间文艺、群众文艺等各领域都要跟上时代发展、把握人民需求,以充沛的激情、生动的笔触、优美的旋律、感人的形象创作生产出人民

---

① 《习近平谈治国理政》(第一卷),外文出版社2018年版,第160页。

喜闻乐见的优秀作品，让人民精神文化生活不断迈上新台阶。"[1]每一代人都曾受到优秀文艺作品的滋养，都曾被好的作品抚慰心灵、鼓舞前进。20世纪末，《渴望》等家庭伦理剧，《甲方乙方》等贺岁电影，带给人们无数感动和欢乐，为人们驱散了迷茫，注入了精神动力。近些年来的影视作品，如电视剧《觉醒年代》《人世间》，电影《我不是药神》《我和我的祖国》，纪录片《四个春天》《人生第一次》，综艺节目《中国诗词大会》《典籍里的中国》等，都以不同的形式和情感、载体和立意，满足了人民的精神文化需求，拨动了无数人的心弦。人民生活是一切文学艺术取之不尽、用之不竭的创作源泉，很多文艺精品和文化力作都是从人民生活中诞生的。时代发展为文化创作提供了广阔的空间，任何优秀的作品都是在紧跟时代脉搏、讴歌时代发展中诞生的。中国特色社会主义进入新时代，为文艺创作、学术创新提供了无比广阔的空间，文艺工作者要聆听时代之声，瞩目时代变幻，为时代画像、为时代立传、为时代明德。

四、铸就社会主义文化新辉煌

毛泽东同志曾说，"中国应当对于人类有较大的贡献"[2]。在中国共产党为人类和平与发展崇高事业作出的众多贡献中，推进和拓展中国式现代化、为解决人类问题贡献中国方案是内涵最丰富和影响最深远的。中国式现代化是中国共产党领导的社会主义现代化，继续推进这一伟大事业，必须发挥文化的引领性作用，传承和激活中华文明。继续拓展这一事业，也必将不断增进文明交流互鉴，铸就社会主义文

---

[1]《习近平谈治国理政》（第二卷），外文出版社2017年版，第315页。
[2]《毛泽东文集》（第七卷），人民出版社1999年版，第157页。

第三章
中国式现代化是物质文明和精神文明相协调的现代化

化新辉煌，实现文化软实力和综合国力的不断发展和同步提高。

传承中华文明。无数历史事实表明，一个抛弃了或者背叛了自己历史文化的民族，不仅不可能发展起来，而且很可能上演一幕幕历史悲剧。博大精深的中华优秀传统文化代表着中华民族独特的精神标识，为中华民族生生不息、发展壮大提供了丰厚滋养，是我们在世界文化激荡中站稳脚跟的根基。对于每个中国人而言，中华优秀传统文化已经融入精神、植根内心，潜移默化地影响着中国人的思想方式和行为方式，化为日用而不觉的价值观。

中国共产党自成立之日起，就既是中华优秀传统文化的忠实传承者和弘扬者，又是中国先进文化的积极倡导者和发展者。新时代，我们党对待传统文化，坚持古为今用、推陈出新，有鉴别地加以对待，有扬弃地予以继承。尤其是认识到要处理好继承和发展的关系，既不厚古薄今，也不厚今薄古，重点做好创造性转化和创新性发展，赋予传统文化新的时代内涵和表达形式，增强其影响力感召力。在理论上，我们要深入挖掘和阐发中华优秀传统文化讲仁爱、重民本、守诚信、崇正义、尚和合、求大同的时代价值，发掘中华优秀传统文化中蕴藏着的解决当代世界难题的重要启示，继承弘扬中国人民在长期生产生活中积累的宇宙观、天下观、社会观、道德观，并将其与科学社会主义价值观主张相结合，夯实马克思主义中国化时代化的历史和群众基础。在实践中，我们要把跨越时空、超越国度、富有永恒魅力、具有当代价值的文化精神弘扬起来，让收藏在博物馆里的文物、陈列在广阔大地上的遗产、书写在古籍里的文字都活起来，让人民"记得住乡愁"，守住中华民族的"根"和"魂"。

推动文明交流互鉴。邓小平同志曾指出，"社会主义要赢得与资本主义相比较的优势，就必须大胆吸收和借鉴人类社会创造的一切文明成果"①。新时代，习近平总书记提出："文明因交流而多彩，文明因互鉴而丰富。文明交流互鉴，是推动人类文明进步和世界和平发展的重要动力。"②这把对文明多样性的理解及对文明发展规律的认识提高到一个新的高度，彰显出远超以往各种文明观的宽广视野和博大胸怀。

人类的各种文明在价值上都是平等的，只有姹紫嫣红之别，没有高下优劣之分，没有多样性就没有人类文明。要在尊重文明差异的基础上进行平等交流，坚持以文明交流超越文明隔阂、以文明互鉴超越文明冲突、以文明共存超越文明优越，共同应对各种全球性挑战。在实践中，我们要加强国际传播能力建设，讲好中国故事，传播好中国声音，提升中华文明影响力；我们要借助"一带一路"等各类合作机制和组织平台，加强各领域合作，形成多元互动的文明交流格局，让中华文明同各国人民创造的多彩文明一起为人类发展提供积极指引，为增进各国人民友谊、维护世界和平与发展提供源源不竭的动力。

不断提高国家文化软实力。所谓文化软实力，就是通过以文化、价值观等内容吸引、感召等手段来扩大国家影响力，提升国际认可度。在信息时代，文化软实力在国家发展和国际交往中起着越来越重要的作用，它虽然"软"，但代表着一个民族最核心、最深层的实力。处于"两个大局"交织激荡的历史时期，我们既要不断夯实物质"硬"实力，也要着力提升文化"软"实力，发挥其柔性作用，为推进中国式现代化、实现中华民族伟大复兴提供深层能量。

提高国家文化软实力，要向世界宣传当代中国的价值观念，将其中蕴含的中华优秀传统价值观、社会主义价值观主张、人类命运共同

---

① 《邓小平文选》（第三卷），人民出版社1993年版，第373页。
② 《习近平谈治国理政》（第一卷），外文出版社2018年版，第258页。

体等价值观念传播出去，彰显当代中国自信大气、中国人民文明团结以及为世界和平发展作出努力的真诚意愿；要展示中华文化的独特魅力，利用多种传播手段，把享有国际声誉、广受世界喜爱的中华文明宣传得更加精彩，把具有中华气韵、具有独特民族风格的风俗文物、物质以及非物质文化遗产大力推广开来，展现中华文化深厚博大又充满活力的精神气质；要着力塑造我国国家形象，展示好中国的文明大国形象、东方大国形象、负责任大国形象、社会主义大国形象；要提升国际话语权，不断打造融通中外的新概念新表述，让中国智慧为世人熟知、令世界倾听、使国际和谐安宁。

第三节

物质富足、精神富有是社会主义现代化的根本要求

中国式现代化是中国共产党领导的社会主义现代化，符合社会主义本质，遵循科学社会主义基本原则，在实践中逐渐把握和确立起了与西方现代化即资本主义现代化全然不同的性质特征和发展要求。在处理物质文明和精神文明关系的问题上，中国式现代化没有走上西方现代化只要物质的现代化而罔顾人的现代化，追求单一的物质文明而忽视精神文明建设发展的物质中心主义的老路，而是坚持以马克思主义为指导，以实现社会主义现代化为基本方向，"两手抓、两手都要硬"，以辩证的、全面的、平衡的观点正确处理物质文明和精神文明的关系，破解了以往现代化进程中物质文明和精神文明发展不协调、现代化总是以人的精神异化为代价的"现代化之殇"，朝着既物质富足又精神富有的目标迈进。

一、物质贫困不是社会主义，精神贫乏也不是社会主义

资本主义的现代化是人类的第一种现代化形态。"自然力的征服，机器的采用，化学在工业和农业中的应用，轮船的行驶，铁路的通

第三章
中国式现代化是物质文明和精神文明相协调的现代化

行,电报的使用,整个整个大陆的开垦,河川的通航,仿佛用法术从地下呼唤出来的大量人口——过去哪一个世纪料想到在社会劳动里蕴藏有这样的生产力呢?"[①]它以生产力的突破性发展打破了前现代社会的封闭保守、人身依附、人口流动受限、生产力低下、社会财富匮乏的状态,实现了经济的巨大增长和社会的飞速变革,具有伟大的文明作用,但是各类社会危机也随文明而来。各种反思批判资本主义的思想由此产生,社会主义就是作为资本主义的批判形态及对立面而诞生和发展的。在社会主义思想诞生后的500多年间,人们对社会主义的认识不断深入,从空想逐渐走向了科学。马克思、恩格斯创立的科学社会主义就是对资本主义的认识和批判最为深刻,对社会主义的思考和筹划最为现实的理论学说。科学社会主义高度肯定资本主义现代化的伟大历史意义和革命作用,并且认为未来的社会主义必将建立在生产力极大发展的基础上,是继承资本主义创造的优秀文明成果而又超越资本主义的现代化形态,绝不能倒退回生产力落后、社会关系僵化、思想愚昧、人与人在狭小的范围内互相依赖的前现代状态。资本主义带来了物质文明的巨大进步,社会主义应当在这一基础上继续发展物质文明,不断解放和发展社会生产力,实现物质文明的更大繁荣,所以物质贫困绝不是社会主义。资本主义把人的精神从封闭落后的枷锁中解放出来,赋予人以理性的自由,但是一方面,这种解放和自由是有限度的,发展到一定程度就会走向异化,形成对人的精神新的压迫和扭曲,导致人无法进一步获得精神发展;另一方面,这种解放是不平等的,大多数劳动者受制于社会分工只能片面地发展自己,能全面发展自己的只是少数资产者和统治者。社会主义的目标是打破这一状况,实现每个人的自由全面发展,尤其是精神世界和思想境界

---

① 《马克思恩格斯文集》(第二卷),人民出版社2009年版,第36页。

的不断丰富、提高，所以精神贫乏也不是社会主义。

在中国式现代化的历程中，中国共产党对社会主义这两点重要特征的认识不断深化。关于物质，我们党在新民主主义革命时期就确立了工业化的奋斗目标。党的七大指出："中国工人阶级的任务，不但是为着建立新民主主义的国家而斗争，而且是为着中国的工业化和农业近代化而斗争。"① 把现代化理解为工业化，是中国共产党人对现代化的最初认识。改革开放后，邓小平同志指出："根据我们自己的经验，讲社会主义，首先就要使生产力发展，这是主要的。只有这样，才能表明社会主义的优越性。"② 新时代，习近平总书记指出，"生产力是推动社会进步最活跃、最革命的要素"③，"我们要坚持发展仍是解决我国所有问题的关键这个重大战略判断"④。关于精神，我们党一直致力于建设新文化，构筑新文明。毛泽东同志在1940年就提出，我们"要把一个被旧文化统治因而愚昧落后的中国，变为一个被新文化统治因而文明先进的中国"⑤。新中国成立后，毛泽东同志提出，"将我国建设成为一个具有现代工业、现代农业和现代科学文化的社会主义国家"⑥。邓小平同志指出："我们要在建设高度物质文明的同时，提高全民族的科学文化水平，发展高尚的丰富多彩的

---

① 《毛泽东选集》（第三卷），人民出版社1991年版，第1081页。

② 《邓小平文选》（第二卷），人民出版社1994年版，第314页。

③ 习近平：《在纪念马克思诞辰200周年大会上的讲话》，人民出版社2018年版，第18页。

④ 中共中央文献研究室编：《习近平关于协调推进"四个全面"战略布局论述摘编》，中央文献出版社2015年版，第75页。

⑤ 《毛泽东选集》（第二卷），人民出版社1991年版，第663页。

⑥ 《毛泽东文集》（第七卷），人民出版社1999年版，第207页。

文化生活，建设高度的社会主义精神文明。"①党的十八大以来，习近平总书记指出："没有高度的文化自信，没有文化的繁荣兴盛，就没有中华民族伟大复兴。"②中国共产党在现代化建设的实践中不断深化对社会主义本质的理解，不断明确物质贫困和精神贫乏都不符合社会主义的本质，也绝不是社会主义现代化的题中应有之义。

二、把物质文明和精神文明相协调的重大原则贯穿始终

1856年，马克思曾经对资本主义现代化进程中出现的各种矛盾现象进行过生动的总结和深刻的批判。他指出，这种现代化"一方面产生了以往人类历史上任何一个时代都不能想象的工业和科学的力量；而另一方面却显露出衰颓的征兆，这种衰颓远远超过罗马帝国末期那一切载诸史册的可怕情景。在我们这个时代，每一种事物好像都包含有自己的反面。我们看到，机器具有减少人类劳动和使劳动更有成效的神奇力量，然而却引起了饥饿和过度的疲劳。财富的新源泉，由于某种奇怪的、不可思议的魔力而变成贫困的源泉。技术的胜利，似乎是以道德的败坏为代价换来的。随着人类愈益控制自然，个人却似乎愈益成为别人的奴隶或自身的卑劣行为的奴隶。甚至科学的纯洁光辉仿佛也只能在愚昧无知的黑暗背景上闪耀。我们的一切发明和进步，似乎结果是使物质力量成为有智慧的生命，而人的生命则化为愚钝的物质力量。现代工业和科学为一方与现代贫困和衰颓为另一方的这种对抗，我们时代的生产力与社会关系之间的这种对抗，是显而易见

---

① 《邓小平文选》（第二卷），人民出版社1994年版，第208页。
② 《习近平谈治国理政》（第三卷），外文出版社2020年版，第32页。

的、不可避免的和毋庸争辩的事实"①。马克思发现了资本主义现代化无法实现物质文明和精神文明相协调,发展物质文明就会牺牲精神文明的困境,并且揭示了造成这种困境的原因就是资本的自我增殖所带来的唯财富至上的发展观和现代化观。"鄙俗的贪欲是文明时代从它存在的第一日起直至今日的起推动作用的灵魂;财富,财富,第三还是财富——不是社会的财富,而是这个微不足道的单个的个人的财富,这就是文明时代唯一的、具有决定意义的目的。"②

中国式现代化没有重蹈覆辙,而是始终重视物质文明和精神文明相协调,并把这一点作为重大原则贯彻始终。新中国成立后,毛泽东同志指出,中央政府"将领导全国人民克服一切困难,进行大规模的经济建设和文化建设,扫除旧中国所留下来的贫困和愚昧,逐步地改善人民的物质生活和提高人民的文化生活"③。邓小平同志对"两个文明"的认识更加深刻,指出:"我们要在建设高度物质文明的同时,提高全民族的科学文化水平,发展高尚的丰富多彩的文化生活,建设高度的社会主义精神文明"④,并且强调物质文明和精神文明要坚持"两手抓、两手都要硬"。江泽民同志指出:"经济、政治、文化协调发展,两个文明都搞好,才是有中国特色社会主义。"⑤胡锦涛同志指出:"必须把发展社会生产力同提高全民族文明素质结合起来,推动物质文明和精神文明协调发展,更加自觉、更加主动地推动文化大发展大繁荣。"⑥这些宝贵认识为推进"两个文明"协调发

---

① 《马克思恩格斯文集》(第二卷),人民出版社2009年版,第579—580页。
② 《马克思恩格斯文集》(第四卷),人民出版社2009年版,第196页。
③ 《毛泽东文集》(第五卷),人民出版社1996年版,第348页。
④ 《邓小平文选》(第二卷),人民出版社1994年版,第208页。
⑤ 《江泽民文选》(第二卷),人民出版社2006年版,第258页。
⑥ 《胡锦涛文选》(第三卷),人民出版社2016年版,第163页。

展提供了思想启示和理论指导。新时代,我们认识到离开精神文明进步的单一物质文明发展,不是真正的社会主义现代化,不符合社会全面进步的要求。虽然物质生产是社会生活的基础,经济建设仍然是中心任务,高质量发展是全面建设社会主义现代化国家的首要任务,但是必须全面准确理解生产力标准,不能绝对化,也绝不能忽视上层建筑的反作用,否认意识对物质的反作用。必须坚持"两手抓、两手都要硬",以辩证的、全面的、平衡的观点正确处理物质文明和精神文明的关系。正像习近平总书记所指出的,"实现中华民族伟大复兴的中国梦,物质财富要极大丰富,精神财富也要极大丰富"[1],"当高楼大厦在我国大地上遍地林立时,中华民族精神的大厦也应该巍然耸立"[2]。

三、促进物的全面丰富和人的全面发展

中国共产党的远大理想是实现共产主义,当前的中心任务是以中国式现代化全面推进中华民族伟大复兴。作为最高纲领和最低纲领的统一论者,中国共产党总是在思想上以最高纲领为着眼点,不断认识社会主义和共产主义的本质;在实践中以最低纲领为落脚点,持续探索符合中国实际的社会主义建设方式和共产主义实现方式。共产主义和中国式现代化在理论上具有内在的统一性,在实践上则统一为中国特色社会主义伟大事业。能够实现统一的一个关键点就在于共产主义和中国式现代化对物质和精神,或者说对物与人关系的理解是高度一

---

[1]《习近平谈治国理政》(第二卷),外文出版社2017年版,第323页。

[2] 习近平:《在文艺工作座谈会上的讲话》,人民出版社2015年版,第6页。

致的。

　　实现共产主义是人类迄今为止最崇高、最壮丽的事业，共产主义社会是一个物质财富极大丰富、人民精神境界极大提高、每个人自由而全面发展的社会。中国式现代化是实现中华民族伟大复兴的行动方案，中国式现代化的本质特征包括实现高质量发展和丰富人民精神世界，这两点恰恰契合共产主义社会的基本特征。当今中国正处于实现中华民族伟大复兴关键时期，国家强盛、民族复兴，需要物质文明的积累，更需要精神文明的升华。中国式现代化在短短几十年内浓缩了西方现代化几百年的发展历程，在着力避免踏入西方现代化的误区的同时努力超越西方现代化的困境。我们以"并联式"发展的方式来达成西方"串联式"发展所实现的"工业化＋信息化"的成就，并在这一过程中把"人"的现代化作为现代化的本质，彰显出对物和人的双重关注和同步提升，破解了物与人相对立、相冲突的现代化难题。促进物的全面丰富，提高人民物质生活水平，让家家仓廪实、衣食足，彰显了中国特色社会主义的科学性和物质力量性，为实现中华民族伟大复兴和共产主义远大理想提供了客观物质的保障。促进人的全面发展，丰富人民精神文化生活，使人人知礼节、明荣辱，彰显了中国特色社会主义的道义性和人民中心性，为实现中华民族伟大复兴和共产主义远大理想提供了主体条件的保障。新征程上，我们要在中国式现代化的全面推进中，在物质生活和精神生活的协调促进中，一步步实现社会的全面进步和人的自由全面发展，让人民群众心向往之的美好生活生动地展现在中国大地上。

四、实现物质文明和精神文明相协调的中国方案

　　现代化进程中，物质文明和精神文明如鸟之双翼、车之两轮，必

第三章
中国式现代化是物质文明和精神文明相协调的现代化

须协调发展。既要物质富足也要精神富有，实现"两个文明"相互协调，是中国式现代化的崇高追求，也是全面建设社会主义现代化国家的发展方向。改革开放尤其是新时代以来，我们在实践中遵循统筹兼顾、系统观念和问题导向的世界观与方法论，以辩证的、全面的、协调的观点正确处理两者之间的关系，在坚持以经济建设为中心、抓好物质文明建设的同时，继续锲而不舍、一以贯之抓好精神文明建设，创造了实现"两个文明"相协调的中国方案，不断推动中国式现代化开创新局面。

发展物质文明为"两个文明"相协调的中国方案奠定基础。建设社会主义现代化强国，需要大力发展物质文明，归根到底要靠不断解放和发展生产力，创造出比资本主义现代化更多的物质财富。中国式现代化事业曾在"文化大革命"后面临何去何从的命运抉择。面对国内外积累的繁杂问题、面对各行各业百废待兴的局面，我们党果断调整工作重心，作出了改革开放的伟大决策。以经济建设为中心，是大力发展社会生产力、促进物的全面丰富、推进中国特色社会主义伟大事业不断取得成功的必然要求。在探索过程中，我们党创造性地把社会主义和市场经济结合在一起，得出了社会主义首先要发展生产力、社会主义也可以搞市场经济、改革开放是坚持和发展中国特色社会主义的必由之路等重要结论，在实践中通过西部大开发、中部地区崛起、东北老工业基地振兴、农村土地制度改革、城市经济体制改革、兴办经济特区、加入世贸组织、共建"一带一路"、打赢脱贫攻坚战等一系列重大战略举措，推动我国物质文明建设大踏步前进。改革开放带来了改天换地的变化，我国国内生产总值由3679亿元增长到2022年的121.02万亿元，年均增速远高于世界同期，连续多年对世界经济增长贡献率超过30%。当前，我国主要农产品产量跃居世界前列，建立了全世界最完整的现代工业体系，科技创新和重大工程捷报频传。我国已经是世界第二大经济体、制造业第一大国、货物贸易第一大国、商品消费第二大国，我国外汇储备连续多年位居世界第一。通过不断厚植现代化的物质基础，我们为实现民主更加健全、科教更加进步、文化更加繁荣、社会更加和谐、生态更加美好提供有力支撑。新征程上，我们要牢牢坚持高质量发展这一全面建设社会主义现代化国家的首要任务，完整、准确、全面贯彻新发展理念，坚持社会主义市场经济改革方向，坚持高水平对外开放，坚持把发展经济的着力点放在实体经济上，推进新型工业化，全面推进乡村振兴，深入实施区域协调发展战略、区域重大战略、主体功能区战略、新型城镇化战略，坚持教育优先发展、科技自立自强、人才引领驱动，开辟发展新领域新赛道，不断塑造发展新动能新优势，加快建设现代化经济体系，加快构建新发展格局。

建设精神文明为"两个文明"相协调的中国方案指引航向。离开精神文明进步的单一物质文明发展，不是真正的社会主义现代化。社会主义精神文明是社会主义社会的重要特征，是社会主义现代化建设的重要目标和重要保证，决定着我们要建设什么样的国家和社会、培育什么样的公民。全面建设社会主义现代化国家，对社会主义精神文明建设提出了更高要求。全面推进中华民族伟大复兴，比以往任何时候都更加需要思想引领、文化滋养、精神支撑。改革开放后，在推进和拓展中国式现代化的过程中，与生产力的飞速发展伴随而来的是人民精神世界的种种问题，这迫切要求我们在解放生产力、发展生产力的同时，在精神文明建设上推行有力举措。党和国家提出时代新人的培养目标、大力倡导基本道德规范、开展各类精神文明建设活动、大力弘扬先进典型模范，尤其是明确提出并广泛践行社会主义核心价值观，深化爱国主义、集体主义、社会主义教育，提高全社会文明程度，推动在全社会形成与社会主义现代化相适应的理想信念、道德观念、精神风貌。同时，在制定经济发展目标和规划、出台重大政策和改革措施的过程中，遵循社会主义核心价值观要求，实现市场经济和道德建设的良性互动。进入新时代，我们党深刻认识到优秀传统文化是一个国家、一个民族传承和发展的根脉。中国文化源远流长，中华文明博大精深，在新的历史起点上，我们必须结合新的时代条件传承和弘扬中华优秀传统文化，展示中华民族的独特精神标识，更好地构筑中国精神、中国价值、中国力量，为社会主义精神文明建设提供深厚的价值底蕴、开辟广阔的文化空间。要坚持以习近平新时代中国特色社会主义思想为指导，更加自觉、更加主动地推动中华优秀传统文化创造性转化、创新性发展，不断赋予优秀传统文化新的时代内涵和现代表达形式，激活其生命力，增强其影响力和感召力。与此同时，要坚持与不同文明对话交流和互鉴，不断汲取各种文明养分。在新的起点上继续推动文化繁荣、建设文化强国、建设中华民族现代文明，是我们在新时代新的文化使命。要坚定文化自信、担当使命、奋发有为，共同努力创造属于我们这个时代的新文化，建设中华民族现代文明。

人的全面发展是"两个文明"相协调的中国方案的根本旨归。现代化的本质是人的现代化，人民至上是中国式现代化的核心价值和根本立场。中国式现代化的物质文明建设始终把增进人民福祉、推动共同富裕、促进人的全面发展作为经济发展的出发点和落脚点，坚持发展依靠人民、发展为了人民、发展成果由人民共享，不断促进人的现代化。越是物质丰裕，越需要有精神支撑，没有文化的繁荣兴盛、没有彰显自身特色的现代文明，就不是完整意义上的现代化，也不可能培养出全面发展的人。进入新时代，我们通过传承中华优秀传统文化、革命文化和社会主义先进文化的精神传统、思想精髓、伦理道德、价值观念，建设符合时代需求、反映中国特色、引领社会风尚的精神文化，广泛开展社会主义核心价值观和中国梦的宣传教育工作，推动理想信念教育制度化和常态化，大力推进哲学社会科学的理论创新，提升意识形态工作的及时性、时代性和有效性，通过精神文明建设提升凝聚力、向心力、感召力和引领力，提升民众的科学文化素质，极大丰富民众的精神世界，培养人的高尚道德情操，增强人的主体性，为实现美好生活奠定思想文化基础。

创造人类文明新形态是"两个文明"相协调的中国方案的重要成果。中国式现代化与西方那种以资本为中心、两极分化、物质主义膨胀、对外扩张掠夺的现代化有着根本区别，呈现出独特的世界历史意义，开启了新文明类型。一个国家选择建设一种什么样的文明类型，是这个国家在历史传承、文化传统、经济社会发展的基础上长期发展、渐进调试、内生演化的结果。中国式现代化在物质文明层面积极继承了资本主义文明的有益成果，扬弃了资本主义野蛮、短视、抽象、虚伪的非文明面，在实现物的全面丰富的同时没有坠入"重物轻人"的拜物教陷阱。中国式现代化在精神文明层面秉持开放包容的胸怀，以马克思主义为指导，积极借鉴吸纳人类文明的一切有益成果，实现了马克思主义中国化时代化。同时，中国式现代化高度凸显中华文化主体性，坚定文化自信，实现精神上的独立自主和精神文明建设上的守正创新。中国式现代化的物质文明建设在精神文明的指引助推下不断创造出为全体人民共享的巨大物质财富，精神文明建设也在物质文明赶上时代前沿的过程中实现与时俱进，在物质文明夯土垒台、不断积累的过程中变得更加丰富多彩，更加彰显出人类文明新形态的时代气韵、历史气度和人类气象。

> **延伸阅读**

科学家精神——为科技强国凝聚磅礴力量[*]

　　科学成就的取得既是物质文明发展的结晶，也离不开精神力量的支撑。科学家精神就是科技工作者在长期科学实践中积累的宝贵精神财富，于2021年9月成为第一批被纳入中国共产党人精神谱系的伟大精神之一。

　　中国共产党在百年伟大征程中始终高度重视科技事业发展与知识分子工作。一代又一代科技工作者为促进科学技术进步、经济社会发展与人民生活改善作出了不可磨灭的贡献，在长期的科学实践中铸就了独特的科学家精神。中国共产党成立之初，为求得民族独立与人民解放，在环境艰苦和基础薄弱的情况下，领导广大科技工作者自力更生发展科技事业，孕育了科学家精神。新中国的成立为科技事业的快速发展奠定了重要基础。1956年，在毛泽东同志的号召下，全国掀起了"向现代科学进军"的热潮。广大科技工作者在一穷二白的基础上开辟了科技事业新局面，还有大批留学海外的科学家冲破艰险，回到祖国，以实际行动铸就了科学家精神。改革开放使我国科学发展迎来了新的春天。邓小平同志提出了"科学技术是第一生产力"的科学论断，指引了中国科技事业的发展。1995年5月，党中央、国务院提出实施科教兴国战略。科技工作者在深入贯彻落实科教兴国战略的过程中，进一步发展了科学家精神。党的十八大以来，以习近平同志为核心的党中央坚持党对科技事业的全面领导，实施创新驱动发展战略，不断完善科技创新体制机制。广

---

[*] 参见《科学家精神为科技强国凝聚磅礴力量》，载《中国教育报》2023年1月12日。编者对内容有所修改。

大科技工作者怀抱建设世界科技强国的使命感、责任感与紧迫感，取得了一大批世界领先成果，进一步升华了科学家精神。2016年5月30日，习近平总书记发出"为建设世界科技强国而奋斗"的号召。从2017年开始，每年的5月30日成为"全国科技工作者日"。2019年，中共中央办公厅、国务院办公厅联合印发《关于进一步弘扬科学家精神加强作风和学风建设的意见》，明确提出科学家精神六个方面的丰富内涵。

科学家精神是几代科学家群体的成长与中国科技发展的实践同频共振的结晶，是中华优秀传统文化和改革开放时代精神的集中体现，是科学精神与人文精神的有机统一，蕴含了长期科学研究中积淀的科学规范，体现了科学家浓厚的家国情怀与强烈的社会责任感。它的丰富内涵包括胸怀祖国、服务人民的爱国精神，勇攀高峰、敢为人先的创新精神，追求真理、严谨治学的求实精神，淡泊名利、潜心研究的奉献精神，集智攻关、团结协作的协同精神，甘为人梯、奖掖后学的育人精神。党的二十大鲜明提出在全面建设社会主义现代化国家新征程中要弘扬科学家精神。在全社会大力弘扬科学家精神，有助于为广大科技工作者创造能干事、干成事、成大事的良好环境，有助于引领爱科学、学科学、用科学的社会风尚，有助于为加快建设教育强国、科技强国、人才强国，为实现中华民族伟大复兴的中国梦凝聚磅礴力量。

科学家精神在物质文明的进步中铸造，在精神文明的孕育中生成，是物质文明和精神文明相协调的现代化的显著精神标识。未来，科学家精神必将支撑科技工作者在实现高水平科技自立自强的斗争中迸发出更大的创造活力，创造出新的科学成就，为发展人类文明作出新的更大贡献。

第四章

中国式现代化是人与自然和谐共生的现代化

站在中华民族永续发展的高度把握好人与自然相互依存、相互促进的辩证统一关系，主动破解社会发展、经济增长与资源环境的矛盾，走好人与自然和谐共生的现代化新路，是全面建设社会主义现代化国家、奋力开创生态文明事业发展新局面的必答题。

习近平总书记在党的二十大报告中指出："中国式现代化是人与自然和谐共生的现代化"，"我们坚持可持续发展，坚持节约优先、保护优先、自然恢复为主的方针，像保护眼睛一样保护自然和生态环境，坚定不移走生产发展、生活富裕、生态良好的文明发展道路，实现中华民族永续发展"。这是以习近平同志为核心的党中央在继承马克思主义生态思想，发展中华优秀传统生态观，超越先污染后治理的西方现代化老路的基础上，统合人与自然双重维度，充分考量谋取二者共同福祉的价值旨归和实践导向，结合党的十八大以来我国生态文明建设的具体实践作出的对中国式现代化道路以及生态文明建设理念和方式上的重要发展、重大创新。将"人与自然和谐共生"列为中国式现代化五大特征之一，指明了中国式现代化既要创造更多物质财富和精神财富以满足人民日益增长的美好生活需要，也要提供更多优质生态产品以满足人民日益增长的优美生态环境需要；突出强调了我们必须牢固树立和践行"绿水青山就是金山银山"理念，始终站在中华民族永续发展的高度谋划发展，坚定不移走生产发展、生活富裕、生态良好的文明发展道路，在构建人与自然和谐共生的基础上推进美丽中国建设、实现中华民族伟大复兴，共谋全球生态文明建设之路。在理论上，这为更科学把握人与自然的关系提供了中国智慧；在实践上，这为超越传统西方现代化逻辑找到了科学可行的中国方案，也为加强全球生态合作、共同探索人类文明新形态贡献了中国力量。

第一节

人与自然是生命共同体

资本主义的现代化，在创造巨大物质财富的同时也加速了对自然资源的攫取，打破了地球生态环境系统原有的循环和平衡，造成人与自然关系紧张，引发了气候变化、土地荒漠化、生物多样性丧失、能源短缺等全球性生态危机、环境危机和资源危机，给人类生存和发展带来严峻挑战。因此，重新审视和科学把握人与自然的关系，克服资本主义现代化的弊病，坚持人与自然和谐共生的中国式现代化，是人类社会发展进步的必然趋势。中国共产党领导的中国式现代化在处理人与自然关系的问题上，没有走上西方"人类中心主义"或者"非人类中心主义"二元对立的现代化老路，而是继承与发展了马克思主义对人的本质、人与自然关系的深邃思想，吸收和重塑了传统生态观中对人的本质的认识，超越了西方生态思想中的主客体对立、人与人之间对立的观念，将自然纳入人与人彼此联合的共同体视域中，始终倡导人与自然和谐共生，强调人与自然是统一的有机整体，是真正的生命共同体。

一、贯彻全面建设社会主义现代化国家的内在要求

纵观人类社会发展历史,迅猛发展的资本主义生产方式使西方社会率先从农业文明迈入工业文明。然而,在给西方社会带来巨大财富的同时,资本主义现代化不仅造成了社会成员间极为严重的不平等,还导致人与自然陷入了一种严重对立的紧张局面。在《资本论》中,马克思指明资本主义生产方式的绝对规律就是"生产剩余价值或赚钱"①。因此,资本主义现代化大多都是"一元现代化模式",即长期侧重经济增长,以牺牲自然环境为代价换取经济的高速发展。正如马克思描述的那样,"只有资本才创造出资产阶级社会,并创造出社会成员对自然界和社会联系本身的普遍占有。……只有在资本主义制度下自然界才真正是人的对象……其目的是使自然界(不管是作为消费品,还是作为生产资料)服从于人的需要"②。这种奉行经济利益最大化原则的以资本为基础的生产方式,一方面,给西方社会创造了巨大生产力和物质财富,增强了人对自然的控制力;另一方面,在资本主义社会资本逻辑的统治下,资本"使自然界的一切领域都服从于生产"③,对自然"效用"的寻求导致自然地位丧失。经济利益驱使下的资本主义现代化热衷于对自然界进行开发,从而最大限度地掠夺自然资源,盲目地扩大生产规模,试图征服自然、统治自然、主宰自然,使人与自然陷入了对立局面。人与自然关系的紧张使人类频繁遭受自然报复,造成了生态系统破坏、生活环境恶化、生产资源紧张等

---

① 《马克思恩格斯全集》(第四十二卷),人民出版社2016年版,第636页。
② 《马克思恩格斯全集》(第三十卷),人民出版社1995年版,第390页。
③ 《马克思恩格斯全集》(第四十七卷),人民出版社1979年版,第555页。

第四章
中国式现代化是人与自然和谐共生的现代化

问题。严重的生态危机问题反过来又威胁到了人类的生存和发展，形成了一种恶性循环，体现出西方资本主义现代化片面追求经济效益的缺陷。不少西方国家相继发生了多起损失巨大的环境公害事件，震惊世界，进一步引发了人们对资本主义现代化模式的深刻反思。资本主义现代化道路带来了资本剥削、生态破坏等众多普遍性问题，这种现代化注定是不可持续的。相反，中国式现代化遵循了"整体性文明"逻辑，不同于单维度的资本主义现代化模式，是包含了经济、政治、文化、生态、社会进步以及个人全面发展等多维度、各方位可持续发展的全面的社会主义现代化。

人与自然关系是人类社会最基本的关系，也是社会主义现代化的重要内容。在马克思、恩格斯看来，人类社会未来的发展图景就是实现共产主义，他们认为"这种共产主义，作为完成了的自然主义，等于人道主义，而作为完成了的人道主义，等于自然主义，它是人和自然界之间、人和人之间的矛盾的真正解决"[①]。这为当下我们构建人与自然的和谐关系，走好人与自然和谐共生的中国式现代化道路指明了光明方向。中国式现代化吸取了资本主义现代化造成严重生态危机的教训，科学认识和把握人与自然之间是一种紧密互利、不可分割的共生共存关系，强调人类来源于自然、根植于自然，理应以自然为根基，要科学利用自然、有度使用自然，以获取有利于人类永续发展的自然价值。恩格斯说，"因此我们每走一步都要记住：我们决不像征服者统治异族人那样支配自然界，决不像站在自然界之外的人似的去支配自然界——相反，我们连同我们的血、肉和头脑都是属于自然界和存在于自然界之中的"[②]。大自然是生命之母，是人类赖以生存发

---

① 《马克思恩格斯文集》（第一卷），人民出版社2009年版，第185页。
② 《马克思恩格斯选集》（第三卷），人民出版社2012年版，第998页。

展的基本条件。构建人与自然和谐共生的关系以创造良好优美的生态环境之于人类生命安全、国家政治稳定、社会和谐幸福、经济可持续发展等影响人类社会永续发展的问题,具有极端重要性。习近平总书记强调,"人与自然是生命共同体,人类必须敬畏自然、尊重自然、顺应自然、保护自然"①。在评价、开展一切经济活动和社会活动时,我们不仅要考虑其经济价值,更要考虑其生态价值,顺理成章地将建立新型的人与自然的关系的价值理念,以及同步推进生态文明建设全面渗透和融入社会主义现代化建设的各方面。

生态文明建设对全面建成社会主义现代化强国至关重要。习近平总书记在党的二十大报告中指明,尊重自然、顺应自然、保护自然是全面建设社会主义现代化国家的内在要求。促进人与自然和谐共生还被列为中国式现代化的本质要求和基本特征之一,充分彰显了生态文明建设在党和国家事业中的重要地位。"生态文明建设是新时代中国特色社会主义的一个重要特征。"②生态文明建设与中国式现代化道路之间是辩证统一的关系。尊重自然、顺应自然、保护自然,这不仅是全面建设社会主义现代化国家的内在要求,更是人类生存与发展的前提。没有良好的生态环境,人类的生存发展就无从谈起。

作为马克思主义政党,中国共产党一直将处理好人与自然关系、建设生态文明作为中国现代化事业的重要组成部分。党的十八大以来,党中央以前所未有的力度围绕生态文明建设提出了一系列新理念新思想新战略,开展了一系列根本性、开创性、长远性的生态文明建

---

① 习近平:《在纪念马克思诞辰200周年大会上的讲话》,人民出版社2018年版,第21页。

② 习近平:《论坚持人与自然和谐共生》,中央文献出版社2022年版,第272页。

设工作，系统谋划生态文明体制改革，一体治理山水林田湖草沙，不断推进生态文明与经济协调发展的顶层设计和制度体系建设，强力推进污染治理，坚持走可持续发展之路，使生态环境质量得到了持续改善，绿色版图不断拓展，绿色发展成效明显，城乡环境更加宜居，美丽中国建设迈出重大步伐，"绿水青山就是金山银山"理念成为全党全社会的共识和行动。经过长期实践，我国生态环境保护和绿色经济发展发生了历史性、转折性、全局性变化，成功走出了一条经济发展和生态文明建设水平提高相辅相成、相得益彰的绿色发展道路。事实证明，生态环境保护和经济发展是辩证统一、相辅相成的，生态文明建设与中国式现代化的进程是完全一致的，生态文明建设是中国得以实现从站起来、富起来到强起来伟大飞跃的重要推力。在续写新时代十年伟大变革的新征程上，中国将继续"把生态文明建设放在突出地位，融入中国经济社会发展各方面和全过程，努力建设人与自然和谐共生的现代化"[①]。

二、继承马克思主义生态思想

习近平总书记在纪念马克思诞辰200周年大会上指出："学习马克思，就要学习和实践马克思主义关于人与自然关系的思想。"[②]马克思主义生态思想揭示了人与自然和解的内在依据，为我们科学处理人与自然关系指引了方向，有力地回应了当下生态危机与人类发展的

[①] 习近平：《习近平在联合国成立75周年系列高级别会议上的讲话》，人民出版社2020年版，第17页。

[②] 习近平：《在纪念马克思诞辰200周年大会上的讲话》，人民出版社2018年版，第21页。

困境问题。

马克思、恩格斯以"现实的个人"作为认识基础,对人的本质、人与自然的关系进行了思考和阐释,形成了马克思主义生态思想。首先,在马克思、恩格斯看来,现实的"自由的有意识的活动"是人区别于一切动物的"人的类特性"。这一特性使得人与自然呈现出一种以人的实践为中介的相互构造的关系。人通过实践活动使"自在自然"向"人化自然"转化,同时在这个过程中确证和发展着自身;自然环境则为人的实践活动提供必要条件;实践活动的结果体现人类的本质力量,反映人的个性。人与自然彼此确证,在实践活动中实现统一。其次,人构造和改变自然背后的内在驱动是人的需要。人的需要在人的本质中起到根本性和决定性作用。"一切人类生存的第一个前提,也就是一切历史的第一个前提,这个前提是:人们为了能够'创造历史',必须能够生活。"[1]正是在满足生活需要的驱动下,人从事生产,通过实践活动构造和改变自然界,通过与自然界的"物质变换"满足自身需要。最后,人的本质的现实表现是人的社会关系。人从事实践活动满足自身的需要、实现其本质的过程,在使人与自然发生联系的同时也生产着社会关系。在《关于费尔巴哈的提纲》中,马克思指出人的本质"在其现实性上,它是一切社会关系的总和"[2]。人的需要驱动人从事自由的有意识的活动,生产着人与自然的关系和人与人的关系。这种人与人之间的社会关系是人的本质的现实表现。然而,在资本主义生产方式占主导的社会经济系统中,人的本质及人与自然的关系呈现出异化状态。马克思指出,私有财产条件下,劳动成为谋生手段,丧失了自由的有意识的活动的性质。人的劳动产品与

---

[1]《马克思恩格斯文集》(第一卷),人民出版社2009年版,第531页。
[2]《马克思恩格斯文集》(第一卷),人民出版社2009年版,第505页。

第四章
中国式现代化是人与自然和谐共生的现代化

人相分离,成为日益崛起的资本力量的一部分,不仅不能成为人本质力量的体现,反而成为主宰人的存在。服务于资本扩张的需要,人的需要被异化,被固定在物质领域成为被资本力量所引导的无限扩张的欲望。人被固定在狭隘的分工中,社会关系不再确证人的本质,反而成为限制和压迫人的力量。人与人的关系不再互为条件而是相互对立。于是,在资本主义私有制条件下,人的本质、人与人、人与自然的关系被异化了。马克思指出,要消除异化,实现复归,走向人与自然、人与人的"两个和解",就必须扬弃私有制,走向共产主义。恩格斯也指出,"为此需要对我们的直到目前为止的生产方式,以及同这种生产方式一起对我们的现今的整个社会制度实行完全的变革"[1],瓦解私人利益就是为"人类同自然的和解以及人类本身的和解开辟道路"[2]。在共产主义社会,联合起来的生产者共同占有生产资料,依照规律按比例调节生产,实现人与自然的"物质变换"。这是"人的本质的现实的生成",也是人与自然关系得到解决的根本途径。

习近平新时代中国特色社会主义思想继承和发展了马克思主义生态思想中对人的本质、人与自然关系的认识,开辟了新时代迈向人与自然和谐共生的中国式现代化、实现"两个和解"的新路径。首先,提出能动的、全面的人的观点,把生态文明建设纳入中国特色社会主义事业总体布局。习近平总书记提出,人本质上"是能动的、全面的人,而不是僵化的、'单向度'的人"[3]。"能动的人"强调人能够将自己的本质性力量加注于对象之上,充分彰显其主体性。社会主义现

---

[1] 《马克思恩格斯选集》(第三卷),人民出版社2012年版,第1000页。
[2] 《马克思恩格斯全集》(第一卷),人民出版社1956年版,第603页。
[3] 习近平:《之江新语》,浙江人民出版社2007年版,第150页。

代化建设中，为了保证人"自由的有意识的活动"，实现人自由而全面的发展，我们党将生态文明建设作为"五位一体"总体布局中的重要部分，与政治、经济、文化、社会等其他方面有机统一、相辅相成、相互促进，共同为人的全面发展奠定基础。其次，揭示生态文明建设与满足人民美好生活需要的内在联系，将民生保障的维度拓展到生态环境领域。习近平新时代中国特色社会主义思想继承了马克思主义对人的需要的重视，将优美生态环境需要作为人民日益增长的美好生活需要的重要补充，提出要不断探索保护环境和发展经济、创造就业、消除贫困的协同增效，不断增强人民的获得感、幸福感的要求，这是从人的需要出发把握生态问题的重要体现。再次，将环境保护与经济发展统一起来，探索适应新时代发展要求的绿色发展新路径。在马克思的视野中，人的发展与自然的发展本质上是统一的。当前，我国仍处于社会主义初级阶段，必须在社会主义现代化建设的大背景下探索自然的发展和人的发展的统一。对此，以习近平同志为核心的党中央强调要推进人与自然和谐共生的现代化，将生态环境修复和改善同生产力的进步、社会的发展统一起来，将环境保护同扶贫开发、产业结构调整、供给侧结构性改革、乡村振兴、经济高质量发展相结合，开辟了一条适应社会主义现代化建设要求的绿色发展道路。最后，完善生态文明制度体系，呼吁全球生态文明建设，通过协调人与人之间的关系实现人与自然关系的和谐。人的本质是一切社会关系总和的观点启示我们，生态问题的解决离不开社会关系的协调。以习近平同志为核心的党中央强调要健全党委领导、政府主导、企业主体、社会组织和公众共同参与的现代环境治理体系，在生态领域体现国家治理能力与治理体系现代化。通过建立市场化、多元化的生态补偿机制，对生态保护所需的机会成本与保护成本予以补偿，协调人与人之间的利益关系，实现人与人、人与自然的和谐。此外，生态问题的解

第四章
中国式现代化是人与自然和谐共生的现代化

决也并非依靠个人力量、一国努力所能实现，而是需要世界各国的团结。人与自然和谐共生的现代化呼吁各国人民同心协力，构建人类命运共同体，建设持久和平、普遍安全、共同繁荣、开放包容、清洁美丽的世界，将社会关系协调的范围拓展到全球，强调全人类联合起来，共同面对全球性生态问题和发展问题。

习近平新时代中国特色社会主义思想在继承马克思主义关于人的本质、人与自然关系的认识的基础上，将其嵌入中国特色社会主义生态文明建设之中，把全面建设社会主义现代化国家与推进生态文明建设紧紧联系在一起。习近平总书记提出了"中国式现代化是人与自然和谐共生的现代化"[①]这一重要论断，以及环境就是民生、"绿水青山就是金山银山"、全球生态文明建设等一系列原创性观点，实现了马克思主义生态思想在新时代的继承与发展。

人与自然和谐共生的现代化，是当代中国马克思主义、二十一世纪马克思主义在生态文明建设领域的集中体现，开创了人与自然关系理论的新境界，为不断推动中国特色社会主义生态文明建设和人与自然和谐共生的中国式现代化提供了坚实的理论依据与实践依据。

三、发展中华优秀传统生态观

习近平总书记指出："中华民族向来尊重自然、热爱自然，绵延五千多年的中华文明孕育着丰富的生态文化。"[②]中华优秀传统生态

---

① 习近平：《高举中国特色社会主义伟大旗帜　为全面建设社会主义现代化国家而团结奋斗——在中国共产党第二十次全国代表大会上的报告》，人民出版社2022年版，第23页。

② 习近平：《论把握新发展阶段、贯彻新发展理念、构建新发展格局》，中央文献出版社2021年版，第246页。

文化积淀丰厚、博大精深，对于建设生态文明、推进人与自然和谐共生的现代化具有重要启示和借鉴意义。党的二十大指明人与自然和谐共生的现代化是中国式现代化的五大特征之一，这源于人与自然和谐共生的现代化本身所具有的浓郁的中国特色。中华优秀传统生态文化本身就是中国式人与自然和谐共生现代化的生态文化基因。

  人与自然的关系，即天人关系是贯穿于中华传统文化的重要命题。以"天人合一"为核心的中国传统生态观是人们在长期实践中形成的关于人与自然关系的主导性认识，影响最为深远。古代思想家们普遍认为，天与人之间存在内在联系，社会规范与自然秩序是同构的，人类社会的秩序是天道在人间的表现，社会秩序可以从天地秩序中推出。由此，"天"被赋予了道德含义，人的道德与天的道德是相感互通的，天的道德通过伦理规范转化为人的道德，社会道德水平的好坏可以通过自然界的现象进行反映。"天人合一"昭示了人与自然的统合关系以及世俗道德和天的道德之间的统一关系。人类社会道德状况的好坏可以在自然现象之中得到反映，自然与世俗社会息息相关。由此，人与自然在个体超越与世俗社会的双重意义上实现统一。老子认为："人法地，地法天，天法道，道法自然。"在老子看来，人以地为法则，地以天为法则，天以道为法则，道则以自然为法则，指明天、地、人、道、自然之间是有机融合和统一的关系，强调了人要顺应自然。庄子在《齐物论》中提出"天地与我并生，而万物与我为一"，其思想核心指明了人与天地万物是不可分割的有机整体。董仲舒主张"天人一体"的思想，提出了"天地人，万物之本也。……三者相为手足，合以成体，不可一无也"的观点以及"王者唯天之施，施其时而成之"的施政原则。张载提出的"民吾同胞，物吾与也"思想，程颢的"万物一体"论，以及王阳明"天地万物与人原是一体"思想等都强调了要将人、社会、自然看作一体，呼吁人们回归

第四章
中国式现代化是人与自然和谐共生的现代化

自然，而不是主宰自然。这些以"天人合一""万物为本"为主要线索的重要思想体现了传统生态观对人与自然关系的重视，同样也指明了传统生态观中天地秩序与社会道德是同构的、社会道德秩序是天的道德的反映，而人本身具有的不符合社会道德规范的欲望会阻碍人对"天"的感悟，进而阻碍个体超越境界的实现，因而人的"个性"需要被革除。事实上，人的伦理化过程实质上是对人本性吞噬的过程，而且片面强调人对天道的顺应，很大程度上否认了人改造世界的力量，消解了人的主体性。

传统生态观中"天人合一"的观念不仅赋予自然以个体境界超越上的价值，还建立起了自然与人类社会之间的联系。从思想史的角度看，汉代的"天人感应"理论、魏晋玄学的"名教即自然"、宋明理学的天理即礼，都在试图建立自然秩序与社会秩序的同一关系，使自然秩序为世俗道德秩序提供合法性证明。因此，世俗社会道德的依据就成了社会之外的"天理""天道"，成为人类不可置疑和动摇的存在。这种建构无疑有利于封建等级秩序的稳定，为统治阶级的权力提供了依据，在维护封建社会稳定方面发挥了极大作用。

基于此，以习近平同志为核心的党中央继承了"天人合一"思想对人与自然关系在伦理意义上的统合，以及传统文化将自然与人类社会联系起来的观点，剔除了传统文化中的等级思想与迷信内容，实现了对中国传统生态观的吸收与重塑，在人的主体性塑造和本质实现方面超越性地提出了"自然是生命之母""共同构建人与自然生命共同体""人与自然应和谐共生"等重要思想，强调人类与自然界之间的统合关系，继承了传统生态观中天人互通的精神。生态与文明之间不再是"天人感应"式的形而上的联系，而是立足于科学分析和历史经验的实在联系。不同于在消解人的主体性和本质力量的封建等级秩序基础上的人与自然关系，人与自然和谐共生的现代化旨在将人与自然和谐相处的观念深入人们的生活方式和思想认识，满足人民日益增长的优美生态环境需要，促进人的全面发展。

中国古代先贤们重视对自然现象的记录和规律性的总结。孔子认为人们要"畏天命"，提出"子钓而不纲，弋不射宿"。荀子在认清大自然具有客观规律的基础上指出"应之以治则吉，应之以乱则凶""制天命而用之"的世界观和方法论。刘禹锡"天人交相胜"理念，朱熹"事物之理，莫非自然"主张等也都指明了在处理人与自然关系时要做到尊重自然规律。《齐民要术》中"顺天时，量地利，则用力少而成功多"的记述清晰指出只要尊重、遵守自然规律和自然法则，就能用较少付出获得较大收获。孟子强调："不违农时，谷不可胜食也。数罟不入洿池，鱼鳖不可胜食也。斧斤以时入山林，材木不可胜用也。"综上，不难发现中国古代有着丰富的有关自然现象的记录，却鲜少对自然规律背后的深层原因进行探索和研究。究其深层原因，主要源于中华传统文化往往将"天道"作为绝对真理，将司空见惯的自然现象作为"常识"。在对自然规律的利用上，传统生态观主张人只有顺应自然规律，才能获得相对幸福，社会才能稳定。基于此，人们遵循自然规律以指导农业生产，维护社会稳定，创造了辉煌的农业文明。但是，如果将自然规律当作不言自明的应然性，并拒绝对自然界进行合理的改造和利用，不仅会阻碍社会生产力的发展，更会阻碍人类主体性的发挥，压抑人的创造力和个性。

人与自然和谐共生的现代化继承了中国传统生态观中尊重自然的基本观念，倡导人类必须遵循自然规律，不可恣意妄为，同时，又强调在尊重自然规律的基础上对其背后的根源进行科学探索，积极利用自然规律改造世界。以习近平同志为核心的党中央，鼓励提高科技创新力，将科技进步同资源环境的保护统一起来，以科技创新为经济社会发展绿色转型提供不懈动力。基于此，人的主体性与本质力量得以在遵循自然规律与科技进步的辩证统一的基础上得到充分发挥。人与自然和谐共生的现代化不仅在认识上重建了人与自然关系的理念，更在实践上探索出实现人与自然协调统一的路径方案。这是一种敬畏自然与人的主观能动性相协调的崭新的生态文明观念，是社会主义现代化新型道路。

四、超越西方现代化老路的传统逻辑

人与自然和谐共生是中国式现代化最显著的特点之一，是区别于西方资本主义发达国家的现代化的重要标志。在科学总结规律以及长期探索和实践的基础上，中国式现代化摒弃了西方以资本为中心、物质主义膨胀、先污染后治理的现代化老路，开辟了人与自然和谐共生的现代化新路，实现了对西方现代化发展道路的科学扬弃和全面超越。习近平总书记指出："我们建设现代化国家，走美欧老路是走不通的，再有几个地球也不够中国人消耗。"[①]习近平总书记还多次强调："走老路，去消耗资源，去污染环境，难以为继！"[②]

西方国家的现代化起源于18、19世纪的工业革命，工业迅速发展极大地解放了社会生产力。随着科技的创新发展、人类主观力量的不断凸显，生产力迅猛提升，人类征服自然的热情空前高涨，在"物竞天择、适者生存"的丛林法则支配下，人类开始进入"祛魅"阶段，特别是在西方资本逻辑的操纵下，自然被视为僵化的机械存在

---

① 中共中央文献研究室编：《习近平关于社会主义生态文明建设论述摘编》，中央文献出版社2017年版，第3页。

② 中共中央文献研究室编：《习近平关于社会主义生态文明建设论述摘编》，中央文献出版社2017年版，第4页。

物，成为被掠夺和挥霍的对象，人则成了人与自然关系中的绝对中心。从人的本质维度来看，这种以人类为中心的生态观使得人与自然原本相互确证的对象性关系被遮蔽。人从事实践活动，能动地改造自然，这本身是人的本质的实现过程，人类中心主义却将其视为人对自然的统治过程，乃至对自然界否定的过程。在这种生态观的指导下，人类丧失了对自然的崇敬与敬畏，自然沦为被征服的对象，成为现代化进程中彰显人类力量的工具。

在资本逻辑和技术的主导下，西方资本主义国家城市化、工业化水平不断提高，但其所走的先污染后治理道路导致了严重的生态危机，迫使人类不得不重新审视发展模式。不难发现，西方资本主义国家的资本积累和现代化进程基本都建立在大规模掠夺自然资源和破坏生态环境的基础上。这样一种过度以人类为中心、过度重视经济利益的现代化，造成了对生态环境的破坏性后果，而由此导致的严重的生态危机反过来又伤害了人类。例如，作为工业革命发源地的英国，曾在1952年12月发生过一次严重的大气污染事件，直接或间接导致近1.2万人因为空气污染而丧生。美国西部大开发曾极大地推动美国现代化进程，但由于过度开垦，20世纪30年代美国出现了西部历史上最大的生态灾难。欧洲"莱茵河污染事件"、日本"水俣病事件"等一些重大环境污染案例也证明先污染后治理的西方现代化老路绝不能走，"人类中心主义"的想法绝不可行。除了过度牺牲生态环境来换取经济利益外，西方国家还通过对落后国家进行殖民掠夺、发动战争等来推进其现代化进程。两次世界大战期间，全球大面积的森林植被遭到严重破坏，石油燃烧排放造成了严重的大气污染，海湾战争的原油泄漏导致无数物种灭绝等严重生态危机事件也给了我们极大的警示。恩格斯曾在《自然辩证法》中以"美索不达米亚、希腊、小亚细亚以及其他各地的居民，为了得到耕地，毁灭了森林"，"阿尔卑斯

第四章
中国式现代化是人与自然和谐共生的现代化

山的意大利人"把"树林砍光用尽"等事例,告诫人类,这种与自然始终处于对立矛盾关系,并以牺牲自然环境为代价创造巨大物质财富的发展方式最终都会报复于人类自身。人类也在尝到西方式现代化不敬畏自然、违背自然规律、破坏自然的强大恶果后,开始理性反思人与自然关系和西方式现代化的反生态性,并因生态理性与生态文明的兴起而进入"复魅"阶段。

随着西方生态思想的发展,在当代西方生态文明中占主流话语权的"深绿"与"浅绿"思潮对生态危机的根源、建设途径等问题作了有益的探索。但是,根本来讲,二者都没有正确认识人的本质,且始终立足于为资本主义制度辩护的价值立场。一方面,"浅绿"思潮所主张的修正对自然的态度,实现可持续发展,不过是为了充分利用自然资源,保证资本主义经济发展所需的可持续的自然环境,本质上服务的是资本增殖和扩张的需要;另一方面,"深绿"思潮高扬"非人类中心主义"价值观,主张扩大价值主体和伦理主体的范围,将"人类中心主义"价值观与科学技术的运用视为生态危机的内在根源,其模糊了人与其他动物乃至生态系统的边界,混淆了价值概念中的主客体关系,忽视了人的主观能动性。因此,无论是强调自然价值的"深绿"思潮,还是强调自然资源有序利用的"浅绿"思潮,都没有把握人与自然相互确证、协调共生的内在联系,都拘泥于在生态价值观内探讨生态危机的根源与解决途径,都抛开资本、资本主义制度抽象探讨生态危机的根源,本质上还是将人与自然放到了对立面。在生态环境领域,部分西方经济学家主张自然资源私有化,即通过单一的自然资源产权安排和市场手段来解决生态危机。然而,这种具有自利本性的"经济人"概念从一开始就蕴含着人与人、人与自然的对立与割裂。上述都是凸显"西方中心主义"的生态文明理论。

在对西方现代化发展老路进行理性反思,以及对西方生态思想进行批判性反思的基础上，习近平总书记提出："人的命脉在田，田的命脉在水，水的命脉在山，山的命脉在土，土的命脉在林和草，这个生命共同体是人类生存发展的物质基础。"[1]这一共同体中，自然既不是服务于资本扩张的工具性存在，也不是必须服从的必然性，而是与人类血脉相连、与人的本质相互确证的存在。自然与人并非是对立的、一者统治另一者的关系，而是彼此依存、互相确证的整体。人与自然和谐共生的现代化，不排斥市场在生态保护领域的积极作用。习近平总书记主张"要充分运用市场化手段，推进生态环境保护市场化进程，撬动更多社会资本进入生态环境保护领域"[2]。但所谓"市场万能"无法从根本上解决生态问题，"生态环境问题归根结底是发展方式和生活方式问题"[3]。人与自然和谐共生，成为中国式现代化的题中应有之义。杀鸡取卵、竭泽而渔的发展方式和先污染后治理的发展道路已经走到了尽头，顺应自然、保护生态的绿色发展昭示着未来，建设生态文明，功在当代，利在千秋。

中国式现代化高举生态文明建设的旗帜，推动了现代化发展逻辑的系统性重构与突破性创新，打破了现代化等于西方化的传统等式关系，革新了谋求发展等于破坏环境的传统发展理念，展现了现代化的社会主义新图景，体现了我们党在新的历史条件下面对当今世界百年未有之大变局的高度生态自觉，标志着中国特色社会主义已经彻底摒弃先污染后治理的西方文明发展道路，开启了一条人与自然和谐共生的新型现代化道路。

---

[1]《习近平谈治国理政》（第三卷），外文出版社2020年版，第363页。
[2]《习近平谈治国理政》（第三卷），外文出版社2020年版，第371页。
[3] 习近平：《论把握新发展阶段、贯彻新发展理念、构建新发展格局》，中央文献出版社2021年版，第255页。

第二节

把生态文明建设摆在全局工作的突出位置

建设好生态文明，既关乎人类的生存和进步，也关乎中华民族伟大复兴。我国环境容量有限，生态系统脆弱，污染重、损失大、风险高的生态环境状况还没有从根本上扭转，独特的地理环境加剧了地区间的不平衡。因此，在生态环境保护问题上我们没有别的选择，必须把生态文明建设放在突出位置，走人与自然和谐共生的现代化道路。生态环境保护是功在当代、利在千秋的事业。

党的十八大以来，我国生态文明建设取得积极成效，但同时我们也要看到生态文明建设仍然面临不少矛盾和挑战，生态环境从量变到质变的拐点还没有到来，生态环境质量同人民群众对美好生活的期盼相比还有差距，生态文明建设水平总体滞后于经济社会发展。习近平总书记强调："要把生态环境保护放在更加突出位置，像保护眼睛一样保护生态环境，像对待生命一样对待生态环境。"[1]必须清醒认识保护生态环境、治理环境污染的重要性和必然性，清醒认识加强生态

---

[1] 中共中央文献研究室编：《习近平关于全面建成小康社会论述摘编》，中央文献出版社2016年版，第176页。

文明建设的重要性和必要性，秉持良好生态环境是最普惠的民生福祉的理念，坚持节约优先、保护优先、自然恢复为主的方针，促进生态环境持续改善，打造人与自然和谐发展的新格局，努力建设人与自然和谐共生的现代化。

一、良好生态环境是最普惠的民生福祉

中国共产党自成立以来带领全国各族人民建设国家，创造更加幸福美好的生活，秉持的一个理念就是搞好生态文明。良好的生态自然环境是人的生存发展的前提条件。没有良好的生态自然环境，人民群众赖以生存的环境条件将无从保证，人民群众的安全感和幸福感更是无从谈起。习近平总书记强调："生态环境是关系党的使命宗旨的重大政治问题，也是关系民生的重大社会问题。"[①]保护生态环境就是保护民生，改善生态环境就是改善民生。

环境污染是建设人与自然和谐共生的现代化面临的突出现实问题，是影响人民群众生命与健康的重大民生问题。建设人与自然和谐共生的中国式现代化，首要任务就是补齐生态环境这一短板，深入打好污染防治攻坚战，集中攻克老百姓身边的突出生态环境问题。改革开放以来，我国经济快速发展，但随着产能、产量的不断跃升，环境问题也随之凸显。比如，中国加入世界贸易组织，成为"世界工厂"后，能源、钢铁、化工等重化工业比重不断提高，各类资源能源的消耗迅速增长，主要污染物排放量大幅增加，环境质量整体恶化，导致我国经济发展、环境容量、生活质量三者间的矛盾加剧，老百姓身边出现了一些与生命健康息息相关的突出的生态环境问题。因此，我们

[①]《习近平谈治国理政》（第三卷），外文出版社2020年版，第359页。

第四章
中国式现代化是人与自然和谐共生的现代化

党采取了一系列措施，从思想、法律、体制、组织、作风上全面发力，全方位、全地域、全过程加强生态环境保护，把解决突出生态环境问题作为民生优先领域，重污染天气、垃圾围城、农村环境"脏乱差"等民心之痛、民生之患问题得到了重视和解决，污染防治的措施、力度、成效前所未有。中国共产党坚持人民至上的价值追求，把良好生态环境看作提升人民幸福生活的基础和保障，坚持生态惠民、生态利民、生态为民，把优美的生态环境作为一项基本公共服务，重点解决损害人民群众健康的突出环境问题，加快改善生态环境质量，加快实施"三山"生态系统保护和修复工程，科学开展大规模国土绿化行动，实施生物多样性保护重大工程，建立生态保护补偿机制，提升生态系统多样性、稳定性、持续性，提供更多优质生态产品，积极回应人民群众所想、所盼、所急，努力向人民交出生态环境质量明显改善的满意答卷，让老百姓呼吸上新鲜的空气、喝上干净的水、吃上放心的食物、生活在宜居的环境中，切实感受到经济发展带来的实实在在的环境效益，持续感受到生态环境的变化，不断增强信心。

中国特色社会主义进入新时代，人民日益增长的美好生活需要和不平衡不充分的发展之间的矛盾成为我国社会主要矛盾。人民群众的美好生活需要日益广泛，不仅对物质文化生活提出了更高要求，而且在民主、法治、公平、正义等各方面产生了更多的需求和更高的期待。其中，人民群众的优美生态环境需要已成为不可忽视的重要方面。生态环境质量在人民群众生活期待和幸福指数中的地位不断凸显，人们不再担心温饱问题，却开始担心空气和水源的质量问题，因此，环境问题日益成为重要的民生问题。人民群众对美好生态环境的需求更加迫切，要求也更加具体和细微。正如习近平总书记所说："对人的生存来说，金山银山固然重要，但绿水青山是人民幸福生活的重要内容，是金钱不能代替的。"①党的十八大以来，以习近平同志为核心的党中央高度重视生态环境保护，加强党对生态文明建设的领导，完善生态文明建设制度和法律法规，营造全民重视生态文明建设社会氛围，将生态文明建设列入"五位一体"总体布局之中，创造性提出新发展理念，加强建设"美丽中国"，践行"绿水青山就是金山银山"理念，推动形成"人与自然和谐发展现代化建设新格局"。

  党的十八大以来，我们党从根源上转变发展方式，全面推动绿色发展，使生态环境质量和经济发展质量得到了整体性提升，空气质量、水环境质量、土壤环境质量、生产发展模式等发生了历史性、转折性、基础性变化。2021年国家统计局数据显示，人民群众对优美生态环境的获得感、幸福感不断提升，生态环境满意度超过了90%。生态环境质量改善速度之快史无前例，人民群众生态获得感水平之高前所未有，党和国家用一系列铿锵有力的实际行动践行"环境就是民生，青山就是美丽，蓝天也是幸福"②。2023年3月5日，第十四届全国人大一次会议介绍：我国重点城市PM2.5浓度下降57%，地级及以上城市PM2.5平均浓度2020年至2022年连续三年，都降到世卫组织所确定的35微克/立方米第一阶段过渡值以下，我国成为全球大气质量改善速度最快的国家。近十年来，我国生态环境质量改善的显著成效，得益于党和国家用实际行动集中攻克老百姓身边的生态环境问题，我国经济发展方式得到了转型优化，人民群众的环保权益得到了充分尊重和有效保障。

---

  ① 中共中央党史和文献研究院编：《习近平关于总体国家安全观论述摘编》，中央文献出版社2018年版，第179页。
  ② 中共中央文献研究室编：《习近平关于社会主义生态文明建设论述摘编》，中央文献出版社2017年版，第8页。

第四章
中国式现代化是人与自然和谐共生的现代化

中国共产党聚焦并全力解决人民群众感受最直接、要求最迫切的突出环境问题，积极回应人民群众日益增长的优美生态环境需要，将人与自然和谐共生纳入实现社会主义现代化建设的伟大征程中，在美丽中国建设中促进人与自然和谐共生，在致力于促进每个人自由全面发展的历史进程中尊重和保护人类赖以生存发展的大自然，推动构建人与自然生命共同体，真切落实"良好生态环境是最公平的公共产品，是最普惠的民生福祉"①。

二、坚持节约优先、保护优先、自然恢复为主的方针

大力推进生态文明建设，走好人与自然和谐共生的中国式现代化道路，必须坚持节约优先、保护优先、自然恢复为主的方针。这一方针是由目前我们面临的生态资源环境状况决定的，是对节约资源和保护环境基本国策的具体化，是对环境保护工作的地位和作用的强化，充分体现了我国资源开发的内在要求，准确反映了我国生态环境保护工作的根本遵循，明确指出了推进生态文明建设的着力方向，为生态文明建设的实践提供了重要依据。

我国是有着960万平方公里疆域和14亿多人口的大国，独特的地理环境造成了地区间的不平衡。"胡焕庸线"作为一条重要的自然生态分界线，将中国地理环境空间划分为两大部分，该线东南方43%的国土，居住着全国94%左右的人口，人口过于密集，生态环境压力巨大；该线西北方57%的国土，居住着全国6%左右的人口，大部分地区人烟稀少，地形地貌以草原、戈壁沙漠、绿洲和雪域高原为

---

① 《中共中央国务院关于加快推进生态文明建设的意见》，人民出版社2015年版，第13页。

主，生态系统十分脆弱。面对我国资源约束趋紧、生态系统脆弱、生态环境污染状况尚未完全转好的客观形势，坚持节约优先、保护优先、自然恢复为主，就是要在保护生态环境中把节约资源放在首位，在推进发展中将环境保护工作放在首位，在生态保护和修复中以利用自然力修复生态系统为关键。这三个方面角度不同，但目标一致，形成一个不可分离的有机整体，构成了生态文明建设的重点。

习近平总书记指出："节约资源是保护生态环境的根本之策。扬汤止沸不如釜底抽薪，在保护生态环境问题上尤其要确立这个观点。"[①]坚持节约优先，就是在保护生态环境中把节约资源放在首位，着力推进资源节约集约利用，提高资源利用率和生产率，杜绝资源浪费。生态环境恶化问题，究其根源还是因为能源、水、粮食、土地、矿产等资源和原材料的过度开发和使用，"高投入、高消耗、低产出"的粗放发展方式未得到彻底扭转，生产生活中资源奢侈浪费现象仍然存在。自然资源的使用具有不可逆性，如果没有合理规划和节约使用，很快就会枯竭，人们就会失去生存与发展的物质基础，陷入恶性循环。根据2022年中国统计年鉴的数据，我国土地、矿产、森林、湿地、海洋等重要资源总量庞大、品类丰富，但人均占有量少，资源消耗总量大。例如，2021年，中国水资源总量为29638.2亿立方米，居世界第六位，但人均水资源量为2098.5立方米，仅为世界人均占水量的1/4。2020年，我国能源消费总量为498314万吨标准煤，人均生活能源消费量为456千克标准煤，实现了"十三五"规划纲要制定的"能源消费总量控制在50亿吨标准煤以内"的目标，完成了能耗总量控制任务，但消耗总量仍较庞大。国家统计局能源统计司数据显示，

---

① 中共中央文献研究室编：《习近平关于社会主义生态文明建设论述摘编》，中央文献出版社2017年版，第44—45页。

第四章
中国式现代化是人与自然和谐共生的现代化

2020年我国清洁能源消费比重进一步提升，天然气、水电、核电、风电等清洁能源消费量占能源消费总量比重达24.3%，较2019年上升1个百分点，能源消费结构有所优化。但我们也要清楚地认识到，我国目前的能源消费仍然以煤为主，这导致环境问题日益突出。同时，目前我国石油、天然气和主要矿产资源消耗巨大，大量依赖进口，这不仅使资源短缺成为制约发展的重要瓶颈，也带来了国家资源安全的风险。因而，我们必须继续长期坚持节约资源这一基本国策，坚持节约优先，加大资源节约力度，实现资源永续利用，这是维护国家资源安全、推进生态文明建设、推动高质量发展的一项重大任务。

坚持保护优先，就是要在发展中将环境保护工作放在优先位置，加大环境保护力度，坚持预防为主、综合治理，以解决损害群众健康的突出环境问题为重点，减少污染物排放，杜绝有毒、有害物质对水源、大气、土壤等日常使用资源的危害，防范环境风险，明显改善环境质量，提升经济发展的效益和质量，坚守青山绿水的生态价值。习近平总书记在青海省考察工作时曾说："党的十八大以来，我反复强调生态环境保护和生态文明建设，就是因为生态环境是人类生存最为基础的条件，是我国持续发展最为重要的基础。"[1]经过不懈努力，"十三五"规划时期，我国生态环境质量改善成效巨大，生态环境保护事业蓬勃发展，我国环境污染问题突出、环境总体恶化的状况得到了极大改善，环境对经济发展和民生改善的地位和作用进一步强化。坚持保护优先，并不是放弃发展，而是为了又好又快发展。越贯彻落实好保护优先这一方针，越能加快发展方式转变。因此，我们必须牢固树立保护环境的观念，在生态环境保护上算大账、算长远账、算整

---

[1] 中共中央文献研究室编：《习近平关于社会主义生态文明建设论述摘编》，中央文献出版社2017年版，第13页。

体账、算综合账,坚持绿色发展理念,在建设和发展中不以牺牲环境为代价去换取经济增长,不因小失大、顾此失彼,切实做到把环境保护放在首位,增强全社会环境保护意识,着力加强环境监管,健全生态环境保护责任追究制度和环境损害赔偿制度,严格实施主要污染物排放总量控制,强化污染物治理,全面推行清洁生产,采取有力措施推动环境质量不断改善。

"天何言哉!四时行焉,百物生焉,天何言哉!"在孔子看来,自然界虽不言,但有自己的运动规律,万物是顺应自然规律生长的。坚持自然恢复为主,就是在生态环境保护工作中高度重视自然界的自我修复能力,将生态系统的自然恢复与人工治理有机结合,使退化、受损或毁坏的自然生态系统逐渐恢复到稳定和健康的状态,将保护和建设的重点由事后治理向事前保护转变,从源头上扭转生态恶化趋势,提高生态环境质量。坚持以自然恢复为主,是为了顺应自然界的规律,充分发挥大自然自身的修复能力,不是放弃人工修复,放任自流,更不是将自然恢复与人工修复放到对立位置。对于已经严重受损或长期受损的生态系统,由于其原有的生态平衡已被打破,单独依靠自然恢复效果不佳,必须借助适度的人工治理手段,为自然恢复创造更好的条件和环境。内蒙古乌梁素海流域保护修复、宁夏灵武市白芨滩治沙区实现"人进沙退"的治沙奇迹、云南抚仙湖流域治理的成功经验等鲜明例子,从实践角度证明了坚持自然恢复为主,适时、适度加以人工治理,就可以提升生态系统的质量和稳定性,促进生态环境持续改善。

三、打造人与自然和谐发展新格局

恩格斯在《乌培河谷来信》中写道:"下层阶级,特别是乌培河

第四章
中国式现代化是人与自然和谐共生的现代化

谷的工厂工人，普遍处于可怕的贫困境地"，"只消过上三年这样的生活，就会在肉体上和精神上把他们葬送掉"。①从恩格斯在这里的论述中足以窥见糟糕的自然环境和生活环境会对普通劳动人民造成巨大的伤害，同时这也进一步指明构建健康良好的自然环境和生活环境对人类生存和发展具有不可替代的重要意义。

党的十八大以来，我们坚持"以人为本"的原则，尊重自然、顺应自然、保护自然，坚持"绿水青山就是金山银山"理念，坚持山水林田湖草沙一体化保护和系统治理，全方位、全地域、全过程加强生态环境保护和修复，不断满足人民群众对优美生态环境和宜居的生活环境的需要，着力在城市和乡村建设健康宜居的美丽环境，打造人与自然和谐发展新格局。

科学规划城市建设，构建城市美丽家园，打造人与自然和谐发展新格局。城市是人们集中生活、工作与生产经营的主要场所，也是现代化的重要载体。马克思、恩格斯认为，城市化是工业化进程的必然产物，"现代的大工业城市——它们的出现如雨后春笋——来代替自然形成的城市"②。在大工业的发展中，必然会出现农村人口向城市集中、城市数量迅速增加和规模扩大的趋势。我国现代城市的快速发展始于20世纪80年代，经过长时间的城市化发展，城市生态环境以及社会环境对人类健康、生存的影响日益加剧，当前城市居民渴望建设生态环境优美与宜居宜业的城市。因此，习近平总书记强调，"城市建设必须把让人民宜居安居放在首位，把最好的资源留给人

---

① 《马克思恩格斯全集》（第一卷），人民出版社1956年版，第498页。
② 《马克思恩格斯选集》（第一卷），人民出版社2012年版，第194页。

民"①。首先，只有做到把保护城市生态环境摆在更加突出的位置，科学合理规划城市的生产空间、生活空间、生态空间，在城市规划建设中考虑每一个细节对自然的影响，不打破自然系统，处理好城市生产生活和生态环境保护的关系，才能实现在提高经济发展质量的同时，又提高人民生活品质，让群众过得更幸福。其次，城市建设要体现尊重自然、顺应自然的理念。让城市融入大自然，以自然为美建设城市，大力开展生态修复，把好山好水好风光融入城市，让城市再现绿水青山，使城市更健康、更美丽、更宜居，成为人民群众高品质生活的空间。最后，城市的建设和发展不仅要考虑规模经济效益，还要把生态和人民生命安全、身体健康作为城市发展的基础目标。城市中的主体是人，但仅考虑人的需求以及人类利益的最大化，那么城市规划建设就会变为"人类中心主义"的价值立场，与中国式现代化倡导的人与自然和谐共生背道而驰。所以我们要尽可能减少对自然的干扰，停止盲目改造自然的行为，着力推进绿色发展、循环发展、低碳发展，持续不断地推进以人为核心的城镇化，实现生产空间集约高效、生活空间宜居适度、生态空间山清水秀。总结来说，无论是城市规划还是城市建设，无论是新城区建设还是老城区改造，都要坚持以人民为中心，聚焦人民群众的需求，合理安排生产、生活、生态空间，走内涵式、集约型、绿色化的高质量发展路子，努力创造宜业、宜居、宜乐、宜游的良好环境，让人民有更多获得感，把城市建设成人与人、人与自然和谐共生的美丽家园，为人民创造更加幸福的美好生活，建成人与自然和谐发展新格局。

推进乡村绿色发展，建设美丽宜居乡村，打造人与自然和谐发展

---

① 习近平：《在浦东开发开放30周年庆祝大会上的讲话》，人民出版社2020年版，第10页。

第四章
中国式现代化是人与自然和谐共生的现代化

新格局。良好生态环境是农村的最大优势和宝贵财富。尊重自然、顺应自然、保护自然，推动乡村自然资本加快增值，建成百姓富、生态美统一的人与自然和谐发展新格局。首先，实施乡村振兴战略的一个重要任务就是推行绿色发展方式和生活方式，让生态美起来、环境靓起来，再现山清水秀、天蓝地绿、村美人和的美丽画卷。良好人居环境是广大农民的殷切期盼，必须加快改变一些农村地区的"脏乱差"面貌。改善农村人居环境，建设美丽宜居乡村，是实施乡村振兴战略的一项重要任务，事关广大农民根本福祉，事关农村社会文明和谐，事关全面建设社会主义现代化国家。其次，必须保持战略定力，制定更具体、更有操作性的举措，加强农村生态环境、人居环境治理，以建设美丽宜居村庄为导向，以农村垃圾污水治理和村容村貌提升为主攻方向，动员各方力量，整合各种资源，强化各项举措，加快补齐农村人居环境突出短板，促进村庄形态与自然环境相得益彰。再次，要守住生态保护红线，加强乡村生态保护与修复，大力实施乡村生态保护与修复重大工程，完善重要生态系统保护制度，健全耕地草原森林河流湖泊休养生息制度，开展国土绿化行动，强化湿地保护和恢复，完善天然林保护制度，扩大退耕还林还草、退牧还草，建立成果巩固长效机制，促进乡村生产生活环境稳步改善，自然生态系统功能和稳定性全面提升，生态产品供给能力进一步增强。习近平总书记强调，只有加强生态文明建设，划定生态保护红线，才能"为可持续发展预留空间，为子孙后代留下天蓝、地绿、水清的美好家园"[1]。最后，正确处理开发与保护的关系，运用现代科技和管理手段，将乡村生态优势转化为发展生态经济的优势，提供更多更好的绿色生态产品和服

---

[1] 中共中央文献研究室编：《习近平关于全面建成小康社会论述摘编》，中央文献出版社2016年版，第68页。

务，促进生态和经济良性循环，"依靠科技创新破解绿色发展难题，形成人与自然和谐发展新格局"①，创建一批特色生态旅游示范村镇和精品线路，打造绿色生态环保的乡村生态旅游产业链。总之，要提高农村民生保障水平，塑造美丽乡村新风貌。以保护自然、顺应自然、敬畏自然的生态文明理念，大力实施乡村绿化行动，持续推进宜居宜业的美丽乡村建设，让农村变为生态宜居的美丽家园，让广大农民在乡村振兴中有更多更可持续的获得感、幸福感，打造人与自然和谐发展新格局。

打造人与自然和谐发展新格局服务于全体人民的利益，也要依靠全体人民的力量才能变为现实。我们每个人都是生态环境的保护者、建设者、受益者，没有谁能是旁观者、局外人、批评家，谁也不能只说不做、置身事外。习近平总书记指出："生态文明建设同每个人息息相关，每个人都应该做践行者、推动者。"②要加快构建政府、企业、公众共治的绿色行动体系，依靠人民群众的力量推动生态文明事业进一步发展，打造出城乡生态宜居的美丽家园。

---

① 习近平：《论把握新发展阶段、贯彻新发展理念、构建新发展格局》，中央文献出版社2021年版，第118页。

② 习近平：《论把握新发展阶段、贯彻新发展理念、构建新发展格局》，中央文献出版社2021年版，第188页。

第三节

走好生产发展、生活富裕、生态良好的文明发展道路

习近平同志强调:"我们追求人与自然的和谐,经济与社会的和谐,通俗地讲,就是既要绿水青山,又要金山银山。"①这一重要论述清晰地阐明了经济社会发展与生态环境保护之间的辩证统一关系。换句话说,即我们的发展不仅要保护生态,还要促进经济,既要生态良好,又要生产发展,既要自然风景美,又要人民生活富。

生态环境保护和经济发展是辩证统一、相辅相成的,建设生态文明、推动绿色低碳循环发展,不仅可以满足人民日益增长的优美生态环境需要,而且可以推动实现更高质量、更有效率、更加公平、更可持续、更为安全的发展,走出一条生产发展、生活富裕、生态良好的文明发展道路。

一、生态环境和经济发展的辩证统一关系

我国进行现代化建设,注重同步推进物质文明建设和生态文明建设。

---

① 习近平:《之江新语》,浙江人民出版社2007年版,第153页。

因此，如何处理好既发展好经济又保护好环境的关系，实现两者的有机统一、良性互动，关键就在于要科学认识生态环境与经济发展的关系。

生态环境和经济发展的关系是推进人与自然和谐共生的现代化的关键。生态环境保护与社会经济发展从来都不是矛盾对立的关系，而是相互促进、辩证统一的关系。过去一段时间，我们发展经济时忽视了生态环境的承载力，一味索取资源，导致经济发展和资源匮乏、环境恶化的矛盾不断凸显，才不断意识到环境是我们生存、生活、发展的根本。要正确把握生态环境保护和经济发展的这种辩证统一性，决不能把二者割裂开来，甚至对立起来。一方面，正如列宁指出"物质生活的生产方式制约着整个社会生活、政治生活和精神生活的过程"①，社会生产力的发展是根本解决生态环境问题最基本的前提。生态环境问题作为社会发展中所遇到的问题，也只能在社会的进一步发展中解决。另一方面，表面上看保护生态环境和发展经济此消彼长，存在一定矛盾，但从根本上来说，不论是大力推动经济发展还是持续开展环境保护，最终的目的都是满足人民群众对美好生活的需要。所以，从本质来说，两者的最终目的和本质内容是统一的，经济发展与环境保护相辅相成、相互转化。忽视环境保护搞经济发展是"竭泽而渔"，离开经济发展空谈环境保护是"缘木求鱼"。党的十八大以来，我们不断转变对经济发展和环境保护关系的认识，树立了"绿水青山就是金山银山"理念，推动环境保护和经济发展不断走向浑然一体、和谐统一，推动人与自然的关系不断调整、趋向和谐。

保护生态环境就是发展生产力。自然环境作为生态文明建设的核心内容，既是构成社会生产力的三大基本要素，又是人民群众赖以生存和发展的基础前提。保护生态环境就是保护我们赖以生存的美丽家

---

① 《列宁全集》（第二十六卷），人民出版社2017年版，第58页。

园，就是保护自然价值和增值自然资本，就是保护经济社会发展的巨大潜力和后劲。人的一切物质生活资料全部来源于自然界，马克思说："人直接地是自然存在物。"①人的任何生产、生活活动都离不开自然，自然界为人类源源不断地提供自然资源和生态资源，提供人类生存发展的物质基础。无数的历史经验证明，人类破坏自然生态环境必将自食恶果，大自然的报复会给人类生存带来不能轻易承受的灾难，将进一步阻碍经济发展和人类进步。但是，经济发展与生态环境保护之间不是零和博弈，而是相辅相成、相互促进的关系。因此，只有在正确认识自然界发展规律的前提下，发挥人类主观能动性，始终注重人类与生态环境的和谐共生，才能让良好的生态环境成为人类生存生活的根本以及经济社会健康可持续发展的动力引擎。中国特色社会主义生态文明建设取得的丰硕成果说明，经济社会发展绝不能以破坏我们赖以生存的家园为代价，不能以破坏生态为代价；生态环境本身就是巨大的社会经济发展财富，保护好生态就能得到生态的回馈，保护生态、保护我们赖以生存的美好家园就是保护生产力。

改善生态环境就是发展生产力。绿色生态是最大的财富、最大的优势和最大的品牌，经济发展和生态保护相辅相成。2019年中国北京世界园艺博览会开幕式上，习近平总书记说道，"改善生态环境就是发展生产力。良好生态本身蕴含着无穷的经济价值，能够源源不断创造综合效益，实现经济社会可持续发展"②。经济发展不但不能以破坏生态为代价，反而要不断优化生态环境，切实提升生态环境的生态效益、经济效益、社会效益。一方面，优质的生态环境蕴含着无穷的生态价值，能保证经济社会持续健康稳定发展，能源源不断创造综

---

① 《马克思恩格斯全集》（第四十二卷），人民出版社1979年版，第167页。
② 《习近平谈治国理政》（第三卷），外文出版社2020年版，第375页。

合效益，为高质量发展提供基础环境、生态资源，以提供新的经济增长点，不断推动生产力的发展；另一方面，只有建立优美的生态环境，才能满足人民群众日益增长的美好生活需要，为高质量发展提供更鲜活的创造力和更高水平的生产力，持续推动经济的高速高质发展。实践充分证明，以保护生态和改善环境为前提的发展模式能更好地反哺生态，更好地实现经济发展与生态保护的良性互动与相互转化。

生态美则发展优，发展优则百姓富。生态环境既是自然财富、生态财富，又是社会财富、经济财富。因此，我们要时刻坚持以经济和生态相互依存为导向，让绿色和发展实现有效融合、有机统一，让自然财富、生态财富不断带来社会财富、经济财富，让人民群众在美好的生态环境中共享自然之美、生命之美、生活之美。

二、树立"绿水青山就是金山银山"理念

2021年4月2日，习近平总书记参加首都义务植树活动时强调，"我们要牢固树立绿水青山就是金山银山理念，坚定不移走生态优先、绿色发展之路"①。"绿水青山就是金山银山"这一重大科学论断，形象生动又言简意赅地深刻揭示了环境保护与经济发展的辩证统一关系，为正处在大力推进新型工业化、信息化、城镇化和农业现代化的中国社会带来了一场发展观念上的深刻变革，为推进新时代生态文明建设、实现人与自然和谐共生提供了根本遵循。在全面建设社会主义现代化国家、全面推进中华民族伟大复兴的新征程上，适应我国社会主要矛盾的变化，更好满足人民日益增长的美好生活需要，我们要准

---

① 习近平：《论坚持人与自然和谐共生》，中央文献出版社2022年版，第273页。

第四章
中国式现代化是人与自然和谐共生的现代化

确把握、坚定树立"绿水青山就是金山银山"理念。习近平总书记强调:"我们既要绿水青山,也要金山银山。宁要绿水青山,不要金山银山,而且绿水青山就是金山银山。"①这一重要论述从根本上阐明了经济发展和生态环境保护的关系,清晰阐释了保护生态环境就是保护生产力、改善生态环境就是发展生产力的道理,指明了实现发展和保护协同共生的新路径。

"绿水青山就是金山银山"理念,有助于防范社会发展陷入各种思想误区。人类社会的发展进步不仅需要社会系统内部各个领域之间保持协调与平衡,更重要的是必须建立起与自然界的良性互动关系。"绿水青山就是金山银山"理念用一种系统整体而不是"排他"的眼光来看待经济发展和环境保护之间的关系,理性反思和积极扬弃了要么是先污染、后治理的"用绿水青山换金山银山"的发展道路,要么是只治理、不发展的"只要绿水青山"的发展道路,要么是边污染、边治理的发展道路,创造性地在绿水青山和金山银山之间拓展出一条兼顾经济与生态、开发与保护的发展新路径,摒弃了在"绿水青山"和"金山银山"之间仅仅做单项选择的发展理念,强调"绿水青山就是金山银山"。人与自然和谐共生的中国式现代化将自然生产力与经济生产力有机统一,就是要强调"我们追求人与自然的和谐,经济与社会的和谐,通俗地讲,就是既要绿水青山,又要金山银山"②。将生态环境保护和经济发展割裂开来的错误认知和行为——不论是以牺牲环境为代价换取一时经济发展的做法,还是仅看重环境保护不搞发展的做法,都反映了对生态环境保护蕴含的潜在需求认识不清晰,对

---

① 中共中央文献研究室编:《习近平关于社会主义生态文明建设论述摘编》,中央文献出版社2017年版,第21页。

② 习近平:《之江新语》,浙江人民出版社2007年版,第153页。

这些需求可能激发出来的供给、形成的新的增长点认识不到位，陷入了错误的发展思想误区。当下，我们强调和倡导的不是简单地以国内生产总值增长率论英雄，更不是不发展，而是要摒弃错误的发展理念和做法，尽最大可能维持经济发展与生态环境之间的精细平衡，走生态优先、绿色发展的路子，形成包括绿色消费、绿色生产、绿色流通、绿色金融等在内的完整的绿色经济体系。

"绿水青山就是金山银山"理念，为匡正人类实践活动提供了基本取向。思想是行动的先导，有什么样的思想导向，就有什么样的实践行为。"绿水青山就是金山银山"理念喻示着人类生存中普遍存在的人与自然的矛盾关系，对人的生存方式、实践活动和价值取向都有着重要指导意义。党和国家在宏观层面上的经济发展观念、生态治理行为等发生转变，将保护生态与发展经济置于同等地位，通过绿色GDP政绩考核引导政府部门转变经济发展方式，成为全社会践行"绿水青山就是金山银山"理念的表率，并由此引导、带动和促进人民群众转变生活方式，提升生态意识，进而营造崇尚生态文明的良好氛围。"绿水青山就是金山银山"理念完全符合人类社会发展规律，顺应人民群众对美好生活的需求和期盼，已经成为全党全社会的共识和行动。党的十八大以来，"绿水青山就是金山银山"理念日益深入人心，广大党员干部群众护美绿水青山、做大金山银山，正确看待发展经济和保护生态之间的辩证关系，加快推进经济转型升级、资源高效利用，实现了环境持续改善、城乡更加均衡发展。

"绿水青山就是金山银山"理念，为新时代生态文明建设提供了正确的价值指引。绿水青山可以转化为金山银山，绿水青山就是金山银山，这是经济发展与生态环境保护之间矛盾的最高阶段，即矛盾双方相互依存、相互转化，由对立走向统一，这为我国经济发展和生态环境保护之间的关系问题提出了解决方案。在新时代，我国既要稳步发展的经济也要优美的生态环境，我国社会主义发展和社会主义现代化要做到既要"绿水青山"也要"金山银山"。"绿水青山就是金山银山"理念是我国生态思想进入深化阶段的产物，旨在解决我国社会发展过程中遇到的生态困境，最终的落脚点在于"以人民为中心"，是为了满足人民群众对美好的生产生活环境的需求，为我国生态文明建设提供了正确的价值指引。

我国转向高质量发展阶段，生态环境的支撑作用越来越明显。高质量发展的基础，就是生态环境。生态环境保护不好，最终将葬送经济发展前景。只有把生态保护好，把生态优势发挥出来，才能实现高质量发展。党和国家以经济发展与生态环境保护协同并进为主要内容，不断推动我国生态文明建设进入快车道，"绿水青山就是金山银山"理念将在中华大地上书写更多绿色发展新篇章、新成就。全国节约资源和保护环境的空间格局、产业结构、生产方式、生活方式正在逐步形成。山更青，水更秀，天更蓝，良好的生态环境不断推动经济社会高质量发展。"绿水青山就是金山银山"理念，为我们平衡发展和环保的关系提供了思想指引和行动指南，引领中国走出了一条兼顾经济与生态的新路子。

牢固树立"绿水青山就是金山银山"理念，把绿水青山建得更美，把金山银山做得更大，我们就一定能沿着这条从绿水青山中开辟的道路，走出一条生产发展、生活富裕、生态良好的文明发展之路，我们一定能让未来的中国既有现代文明的繁荣，也有生态文明的美丽，以人与自然和谐共生的中国式现代化全面推进中华民族伟大复兴。

三、促进绿水青山更好转化为金山银山

"绿水青山就是金山银山"这一科学论断具有巨大的理论解释力

和强大的实践指导性,对于新时代中国特色社会主义生态文明建设而言,其意义是非常重要和深远的。这就要求我们在今后的社会主义现代化建设中矢志不渝地坚持这一理念,以全面推动绿色发展,着力解决突出环境问题,不断探索政府主导、企业和社会各界参与、市场化运作、可持续的生态产品价值实现路径,全面建立生态保护补偿机制,建立健全以产业生态化和生态产业化为主体的生态经济体系,加快推进社会主义生态文明建设,从而实现这一重要理念解释世界、改变世界的功能,并将其切实转化为建设"美丽中国"和"人与自然和谐共生的中国式现代化"的实际行动。只有这样,才能有效解决生态环境问题,通过绿色发展实现人类价值观与自然价值观的和谐统一,进而不断迈向中华民族伟大复兴的新征程。

全面推动绿色发展。绿色发展是当今人类解决生态环境和经济发展矛盾问题的必然选择。习近平总书记在全国生态环境保护大会上指出,"绿色发展是构建高质量现代化经济体系的必然要求,是解决污染问题的根本之策"[1]。一方面,构建高质量现代化经济体系,必须摒弃传统发展方式,推动发展方式的根本转型,即确立绿色发展方式。绿色发展方式是可持续的,能帮助人类有效解决目前面临的生态环境问题,走出环境和经济对立的发展困境;另一方面,绿色发展方式以尊重自然、顺应自然、保护自然为前提条件,不仅有利于推进资源全面节约和循环利用,让人们形成绿色低碳的生活方式,进而实现生产系统和生活系统循环链接,还能从根源上推动经济实现绿色转型,控制资源消耗、降低污染排放、减少生态破坏,切实做到经济效益、社会效益和生态效益的有机统一。

---

[1]《习近平在全国生态环境保护大会上强调 坚决打好污染防治攻坚战 推动生态文明建设迈上新台阶》,载《人民日报》2018年5月20日。

第四章
中国式现代化是人与自然和谐共生的现代化

着力解决突出环境问题，健全自然资源资产产权体系。生态环境是人类生存和发展的前提基础，必须明确自然资源的产权主体。一方面，我们必须正视和解决生态环境污染问题，把解决突出生态环境问题作为民生优先领域，坚持综合治理、预防为主；坚持常抓不懈、标本兼治；坚持全民共治、源头防治，切实解决影响人民群众健康的突出环境问题。另一方面，必须健全自然资源资产产权体系，始终坚持资源公有，统一对水流、森林、山岭、草原、荒地等自然资源的所有权进行确权登记，清晰界定自然资源资产产权主体，划清所有权和使用权边界，丰富自然资源资产使用权类型，合理界定出让、转让、出租、抵押、入股等权责归属，通过强制登记的方式保护和控制对自然资源的使用，依托自然资源统一确权登记明确生态产品权责归属，保护生态产品。

探索政府主导、企业和社会各界参与、市场化运作、可持续的生态产品价值实现路径。通过选择具备条件的地区开展生态产品价值实现机制试点，对生态产品进行科学合理的价值核算；通过引入政府对生态产品进行采购、生产者对自然资源进行有偿使用、消费者支付生态环境附加值、供需双方在生态产品交易市场中进行权益交易等公平交易方式，构建更多运用经济杠杆进行生态保护和环境治理的市场体系。算好大局账、长远账、整体账，让保护、修复生态环境的付出者和践行者获得合理回报，让破坏生态环境者付出相应代价，这样不仅能确保生态功能不降低，还能促进经济社会的可持续发展。

全面建立生态保护补偿机制。自然生态是有价值的，保护自然就是增值自然价值和自然资本的过程，就是保护和发展生产力。完善生态文明领域的统筹协调机制，加快推动有效市场和有为政府更好结合。完善分类补偿制度，加强补偿政策之间的协同联动，统筹各渠道补偿资金，实施综合性补偿，促进对生态环境的整体保护。加大对森林、草原、湿地和重点生态功能区的转移支付力度。健全区际利益补偿机制，形成受益者付费、保护者得到合理补偿的良性局面。建立健全市场化、多元化生态保护补偿机制。统筹运用好法律、行政、市场等手段，把生态保护补偿、生态损害赔偿、生态产品市场交易机制等有机结合起来，协同发力。以相关制度的完善配套以及相应体制的建立健全与落地见效，确保"绿水青山就是金山银山"理念转化为具体的实践行动。

加快建立健全以产业生态化和生态产业化为主体的生态经济体系。习近平总书记认为，"推进传统产业生态化、特色产业规模化、新兴产业高端化，这个思路总的是对的"①。首先，要增强自我造血功能和发展能力，把生态治理和发展特色产业有机结合起来，实现生态文明建设、生态产业化、乡村振兴协同推进。其次，积极发挥农村生态资源丰富的优势，吸引资本、技术、人才等要素向乡村流动，通过改革创新让土地、劳动力、资产、自然风光等要素活起来。最后，推动工商资本、科技和人才"上山下乡"，建立健全城乡融合发展体制机制和政策体系，加快推进农业农村现代化。

坚持生态优先、绿色发展，锲而不舍，久久为功，就一定能把绿水青山变成金山银山。要积极探索推广绿水青山转化为金山银山的路径，把生态优势转化为发展优势，使绿水青山产生巨大效益，走好生活富裕、生态良好的文明发展道路，助力人与自然和谐共生的中国式现代化建设。

---

① 习近平：《论坚持人与自然和谐共生》，中央文献出版社2022年版，第64页。

第四节

生态文明建设是关系中华民族
永续发展的根本大计

生态文明建设是关系中华民族永续发展的根本大计。习近平总书记指出:"人类经历了原始文明、农业文明、工业文明,生态文明是工业文明发展到一定阶段的产物,是实现人与自然和谐发展的新要求。"①生态环境是人类生存和发展的根基,也是我国持续发展的重要基础。我们必须以对人民群众、对子孙后代高度负责的态度,促进人与自然和谐共生,筑牢中华民族永续发展的生态根基。人与自然和谐共生的现代化,带来的是发展理念、发展方式的深刻转变,为中华民族永续发展作出了全局谋划,也为如何共建地球生命共同体、加强全球生态合作、共同探索人类文明新形态贡献了中国力量。

一、生态兴则文明兴

生态兴则文明兴,生态衰则文明衰。这表明,生态的良好与文明

---

① 中共中央文献研究室编:《习近平关于社会主义生态文明建设论述摘编》,中央文献出版社2017年版,第6页。

的兴衰是紧密相连的,生态文明建设对人类文明的演变和发展具有深远且重大的意义。人类文明的发展史,在一定意义上就是人与自然关系的演变史。生态环境是人类生存和发展的根基,没有生态环境作支撑,人类无法发展生产力甚至无法存活,人类历史和文明一天也无法持续下去。生态环境变化直接影响文明兴衰演替,"生态文明这个旗帜必须高扬"[①]。

人与自然的关系在不同的时代背景、社会条件下有着大不相同的特点,表现为不同的文明形态。原始社会中,人以采集、狩猎为主要劳动形式,这一时期人与自然之间的力量表现为完全异己的对立关系,人畏惧自然、臣服于自然,其文明形态表现为一种带有人类服从自然性质的原始文明。农业社会中,人们以农耕、畜牧为主要劳动形式,人类已经克服了对自然的恐惧,开始对其进行开发、利用。物质生产活动主要是利用和强化自然的过程,虽然有一些毁林开荒、乱砍滥伐、过度开荒的现象,但人与自然处于相对平衡状态,其文明形态表现为一种具有和谐性质的农业文明。近代工业社会中,人类基本以科学技术、大工业手段为主要实践形式,现代工业和资本文明超越古代农业文明,是文明的一大进步。但是,这种"人类中心主义"的发展理念导致了对自然的极端漠视。以资本裹挟技术完成对自然的绝对统治和通过加速对自然资源的攫取以谋求资本增殖,不仅危及了人类的生存安全,还制约了人类的持续发展,使人与自然的关系出现了尖锐的对立。人与自然的关系一度高度紧张,这种情形下,文明冲突论、文明终结论、文明极限论等纷纷出场,其文明形态表现为带有掠夺性的资本主义工业文明。对此,马克思通过全面深刻的批判,提出

---

① 习近平:《论坚持人与自然和谐共生》,中央文献出版社2022年版,第249页。

第四章
中国式现代化是人与自然和谐共生的现代化

了共产主义文明形态,为人类文明发展指明了新方向。不同于西方工业化以资本裹挟技术完成对自然的绝对统治,中国共产党领导的中国特色社会主义建设拒斥资本扩张及其对生态文明的破坏,以实现物质文明、精神文明与生态文明的协调统一为导向,倡导以环保科技为主的实践形式以及绿色、低碳的日常生活方式,力求探寻出一条人与自然和谐发展、持续发展之路,即生态文明建设之路,因而其文明形态也相应地表现为生态文明。生态文明是人类社会文明形态的一次伟大飞跃,也是人与自然关系上的一次深刻进步。由此可见,自然生态的变迁,以及人与自然关系的演变,决定着人类文明的兴衰更替。

良好的生态环境是人类文明形成和发展的基础和条件。回顾古中国、古巴比伦、古埃及、古印度的历史,能清晰看到这四大文明古国无一不是发源于水量丰沛、森林茂密、田野肥沃、生态良好的地区。正是先有"生态兴",勤劳智慧的古国人民才得以创造出闻名世界的繁荣胜景和灿烂文化,即"文明兴"。但是,随着过度放牧、过度伐木、过度垦荒和盲目灌溉等人类实践活动的开展,大自然中的植被锐减、气候失调、土地沙化……生态系统和自然环境惨遭破坏。严重的土地荒漠化导致四大文明古国中古埃及、古巴比伦的衰落与灭亡,一度辉煌的楼兰文明也早已消失在了历史的长河中,埋藏在万顷流沙之下。习近平总书记说:"人因自然而生,人与自然是一种共生关系,对自然的伤害最终会伤及人类自身。"[1]上述例子无不印证了生态衰则文明衰的道理。因此,我们只有尊重自然规律,才能有效防止在开发利用自然上走弯路。不尊重自然,违背自然规律,只会遭到自然的报复。人类要使文明继续前行,就必须保护好生态环境,处理好人与自然的辩证关系,认清生态文明是人类文明发展的历史趋势,并将其

---

[1] 《习近平谈治国理政》(第二卷),外文出版社2017年版,第394页。

置于文明根基的重要地位。

生态文明是继原始文明、农业文明、工业文明之后，人类文明发展的新形态。它不仅是实现人与自然和谐共生的现代化以及中华民族伟大复兴的新要求，也是推动人类社会进步的重大成果。生态文明建设，是社会主义现代化建设的本质客观要求，是社会文明进步的重要标志，更是功在当代、利在千秋的伟大工程和伟大事业。在这个问题上，中国共产党没有别的选择，必须清醒认识保护生态环境、治理环境污染的紧迫性和艰巨性，清醒认识加强生态文明建设的重要性和必要性，真正下决心把环境污染治理好、把生态环境建设好，为人民创造良好生产生活环境。要以对人民群众、对子孙后代高度负责的态度和责任，加大力度，攻坚克难，全面推进，努力开创美丽中国建设新局面。

二、加快推进美丽中国建设

党的二十大对推进美丽中国建设作出全面部署，进一步描绘了美丽中国建设宏伟蓝图，充分体现了以习近平同志为核心的党中央对生态文明建设和生态环境保护一以贯之的高度重视和深远考量，充分展示了党中央建设生态文明、建设美丽中国的鲜明态度和坚定决心。习近平总书记在党的二十大报告中强调："推动绿色发展，促进人与自然和谐共生"，"推进美丽中国建设"。加快美丽中国建设、促进人与自然和谐共生，是中国式现代化的本质要求，是实现第二个百年奋斗目标的重要战略部署。当前，我国已经进入全面建设社会主义现代化国家、向第二个百年奋斗目标进军的新发展阶段，对经济社会发展全面绿色化转型提出了更高要求。必须站在人与自然和谐共生的高度来谋划各方面工作，结合各地区经济社会发展水平、产业发展基础、资

第四章
中国式现代化是人与自然和谐共生的现代化

源环境承载能力等不同条件,兼顾生态效益、经济效益、社会效益等多重目标,加快推进美丽中国建设。

党的十八大以来,党中央高瞻远瞩,提出新发展理念,树立践行"绿水青山就是金山银山"理念,统筹部署推进污染治理、生态保护、循环经济发展等重大任务,以前所未有的力度抓生态文明建设,美丽中国建设迈出重大步伐。当前,我国正处于实现中华民族伟大复兴的新征程上,对经济社会发展全面绿色化转型提出了更高要求。习近平总书记强调:"走向生态文明新时代,建设美丽中国,是实现中华民族伟大复兴的中国梦的重要内容。"[①]作出美丽中国建设的重大战略部署,深刻体现了我们党坚持以人民为中心的发展思想,为世界各国在现代化进程中如何实现发展与保护的平衡提供了中国方案。

推进美丽中国建设,要坚持山水林田湖草沙一体化保护和系统治理,统筹产业结构调整、污染治理、生态保护、应对气候变化,协同推进降碳、减污、扩绿、增长,推进生态优先、节约集约、绿色低碳发展。只有不断深入推进环境污染防治,加强以系统观念统筹治理,对山水林田湖草沙进行一体化的保护和系统治理,坚持精准治污、科学治污、依法治污,注重源头减量,才能确保生态环境质量的稳步提升及生态系统多样性、稳定性、持续性的提升。为积极稳妥地推进碳达峰碳中和,我们应立足我国资源拥有的具体情况,控制能源消耗总量,加强资源调控,推动能源清洁低碳高效利用。

推进美丽中国建设,要把绿色发展理念贯穿到人民生活的各个方面,要明确建设美丽中国是全体人民共同、共享的事业。每个人都要参与到生态环境的保护和建设中,要增强全民节约意识、环保意识、

---

① 中共中央文献研究室编:《习近平关于社会主义生态文明建设论述摘编》,中央文献出版社2017年版,第20页。

生态意识，培育生态道德和行为准则，开展全民绿色行动，动员全社会以实际行动减少能源资源消耗和污染排放，为生态环境保护作出贡献。加强生态文明宣传教育，营造爱护生态环境的良好风气。提升公民生态文明意识行动，引导全社会树立生态文明意识。把生态文明教育作为素质教育的重要内容，纳入国民教育体系和干部教育培训体系。将生态文化作为现代公共文化服务体系建设的重要内容，广泛动员全民参与生态文明建设，形成崇尚生态文明的良好社会氛围。引导公众和社会组织共同参与，完善共建共治共享机制，完善公众参与制度。开展绿色生活创建活动，建立完善绿色生活的相关政策和管理制度，推动绿色消费，促进绿色发展。通过一系列措施，实现人们的生产方式、生活方式、思维方式和价值观念全方位、革命性的重大变革，以牢固树立社会主义生态文明观，全面推进美丽中国建设。

推进美丽中国建设，要把要求全面落实到祖国大地上。美丽中国建设是一项系统工程，辐射范围大、覆盖面较广、涉及领域多，需要遵循美丽中国建设的系统性、整体性特点，强化系统设计，更好地发挥整体效能，统筹推动美丽中国建设各领域相关工作，让城乡、区域、山海各美其美、美美与共，努力绘就生产空间集约高效、生活空间宜居适度、生态空间山清水秀的美丽中国新画卷。首先，通过美丽中国建设助力打造宜居、美丽、智慧城市，保护好城市生态环境，统筹城市中的各类生态元素，不断优化城市生态、生产、生活空间，加强塑造人、城、景融合共生的大美城市形态，使城市居住质量、外部美观、功能发挥等得到全面提升。其次，通过美丽中国建设助力打造宜居、宜业、和美乡村，强化农村生态环境保护，保护乡村自然生态景观格局和农业生产的自然机理，持续推进农村人居环境整治，进一步夯实乡村生态本底。最后，通过美丽中国建设促进区域协调发展，优化国土空间发展格局，健全生产、生活、生态等主体功能区制度，

第四章
中国式现代化是人与自然和谐共生的现代化

根据不同自然地理经济条件，协同推进西部大开发、东北振兴、中部崛起、长江经济带发展、黄河流域生态保护和高质量发展等区域发展战略，加快构建优势互补的区域经济布局和国土空间体系。

近年来，许多地方不断探索创新，奋力打造美丽中国建设地方样板和城市典范，取得了可观的成绩。因此，面向巨变的新时期，迈入伟大的新征程，美丽中国建设示范必须要迈开步子、蹚出路子，发挥好示范、突破、带动作用，推动形成系统集成、协同高效的美丽中国建设示范行动体系，促进区域经济社会发展全面绿色转型，实现人与自然和谐共生的中国式现代化。

三、共谋全球生态文明建设之路

地球是全人类赖以生存的唯一家园。人类生活在同一个地球村里，生活在历史和现实交汇的同一个时空里，越来越成为你中有我、我中有你的命运共同体。因此，我们党高度重视生态环境保护工作中的国际责任与国际义务，从人类命运共同体的高度出发谋划发展。习近平总书记强调，"国际社会应该携手同行，共谋全球生态文明建设之路"[①]。

党的二十大报告提出要建设人与自然和谐共生的现代化，呼吁人类保护赖以生存的家园、世界各国保护地球，这是对全球环境治理的实践回应，更是为人类谋求永续存在与发展所作出的必然选择，为全球生态文明建设提供了中国智慧和崭新答案。建设绿色家园是人类的共同梦想，保持良好生态环境是各国人民的共同心愿。我们要站在对

---

① 中共中央文献研究室编：《习近平关于社会主义生态文明建设论述摘编》，中央文献出版社2017年版，第131页。

人类文明负责的高度,共建人与自然生命共同体,共建繁荣、清洁、美丽的世界,以生态文明建设为引领,协调人与自然关系。我们要坚持人与自然和谐共生,构筑尊崇自然、绿色发展的生态体系,解决好工业文明带来的问题,以人与自然和谐相处为目标,把人类活动限制在生态环境能够承受的限度内,实现世界的可持续发展和人的全面发展。

生态文明建设关乎人类未来。人类能不能在地球上幸福地生活,同生态环境有着很大关系。人与自然是生命共同体,伤害自然就是伤害人类本身。过去,工业文明为人类社会创造了巨大的物质财富,但也带来了生物多样性丧失、环境破坏、气候变化等生态危机。人类社会不断进步的同时,人与自然的关系并未随着经济社会的发展而实现和解,反而冲突愈演愈烈,掠夺自然资源、破坏自然环境等传统的发展方式显然难以为继。随着自然资源、能源短缺对人类发展的制约作用日益明显,世界各国为争夺生态资源和能源而屡屡发生纷争和冲突,对国家安全和世界和平构成威胁。因此,只有尊重自然、顺应自然、保护自然,探索人与自然和谐共生之路,促进经济发展与生态保护协调统一,才能守护好全人类共同生存的美好家园。

随着全球化进程的不断推进,世界各个国家和地区越发成为密不可分的整体。生态环境问题成为超越单个民族、种族、国家利益的全球性问题,与人类命运紧密相连,关乎人类前途。如何走出全球环境治理困境,解决环境危机,中国共产党领导的人与自然和谐共生的中国式现代化给出了答案。"孤举者难起,众行者易趋。"人类面临的是全球的共性问题,生态环境问题的跨国性、相关性日益增强。解决环境危机,任何国家都不能置身事外,而是要同舟共济、携手共进,开展全球行动、全球应对、全球合作。世界各国都负有环境治理责任,需将应对生态危机纳入国家发展整体规划,与其他国家携手共

第四章
中国式现代化是人与自然和谐共生的现代化

进,努力为全球环境治理作出自己的贡献。实现人与自然和谐共生,既是中国人民的课题,也是全人类面临的课题。习近平总书记指出,"保护生态环境是全球面临的共同挑战和共同责任"①。面对生态环境挑战,人类是一荣俱荣、一损俱损的命运共同体,没有哪个国家能独善其身,我们必须做好携手迎接更多全球性挑战的准备。为了我们共同的未来,国际社会应当秉持人类命运共同体理念,追求人与自然和谐、追求绿色发展繁荣、追求热爱自然情怀、追求科学治理精神、追求携手合作应对,以前所未有的雄心和行动,勇于担当,勠力同心,共同医治生态环境的累累伤痕,共同营造和谐宜居的人类家园,共同构建地球生命共同体,开启人类高质量发展新征程。

中国正在逐步成为全球生态文明建设的主要参与者、积极引领者,推动开启构建全球生态治理的新篇章。习近平总书记强调,"只要是对全人类有益的事情,中国就应该义不容辞地做,并且做好"②。我们先后提出"人类命运共同体""共谋全球生态文明建设之路""共建地球生命共同体"等重要论述和主张;努力推动全球生态治理合作,包括积极参与应对气候变化全球治理,参与、推动《巴黎协定》《关于汞的水俣公约》《蒙特利尔议定书》等协议的签订,与"一带一路"沿线国家广泛开展生态环境保护合作;落实气候变化领域的南南合作,为落后国家提供资金和技术支持;主动提出和践行2030年前碳达峰、2060年前碳中和的"双碳"目标,助推全球经济与能源和碳排放"脱钩"进程,2021年10月发布的《昆明宣言》提出了"共建地球生命共同体"的倡议,为全球生物多样性规划蓝图。

---

① 习近平:《论把握新发展阶段、贯彻新发展理念、构建新发展格局》,中央文献出版社2021年版,第253页。

②《习近平谈治国理政》(第四卷),外文出版社2022年版,第465页。

此外，我国还积极发挥大国担当，援助发展中国家的绿色发展，为全球生态治理提供中国方案。2015年，习近平总书记宣布设立200亿元的中国气候变化南南合作基金，用于在发展中国家建设低碳示范区，在资金、技术和能力建设等方面给予国际支持与援助。习近平总书记指出："促进发展中国家可持续发展，将造福有关国家人民，也事关整个人类和地球的前途和命运。"①

在已步步逼近地球承载力极限的当今时代，我国对人与自然和谐共生现代化道路的求索，无论对于中华民族的永续发展还是人类文明新形态在全球的加速演进，都具有极大的价值和极强的意义。正如有机马克思主义代表人物菲利普·克莱顿所言："在地球上所有的国家当中，中国最有可能引领其他国家走向可持续发展的生态文明。"②在全面建设社会主义现代化国家、以中国式现代化全面推进中华民族伟大复兴的伟大新征程中，我们要更加坚定社会主义生态文明的理论自信、道路自信、制度自信、文化自信，更加主动应对生态环境保护任务依然艰巨这一基本事实，在人与自然和谐共生的中国式现代化建设中持续奋进，与各方强化行动，共同推进全球事业，合力保护人类共同的地球家园。实现人与自然和谐共生，既是中国人民的课题，也是全人类面临的课题，我们会集中力量做好自己的事情，也需要国际社会共同努力。

---

① 习近平：《论坚持人与自然和谐共生》，中央文献出版社2022年版，第300页。

② [美]菲利普·克莱顿、[美]贾斯廷·海因泽克著，孟献丽等译：《有机马克思主义：生态灾难与资本主义的替代选择》，人民出版社2015年版，第7页。

> **延伸阅读**

从"千万工程"看浙江乡村美丽蝶变[*]

2003年6月,时任浙江省委书记习近平在浙江实施了"千村示范、万村整治"的宏大工程,推动万千乡村实现美丽蝶变。在习近平同志擘画的蓝图指引下,"千万工程"的实施不仅改变了浙江农村的风貌,造就了现代版"富春山居图",重塑了当地农民的命运,更是探索出一条别具浙江特色的农村人居环境整治与美丽乡村建设的科学路径,打造出一份中国式现代化的乡村样本,为新时代新征程更好地探索实现人与自然和谐共生的现代化新路积累了现实经验。

"千万工程"的实施和推进给农村面貌和生产生活带来了巨大变化。在浦江县,曾经色泽浑浊、污染严重的"牛奶河"已变得干净、清澈,当地居民常常漫步河岸、享受优美环境,十分满足惬意;湖州市变山水风景为旅游资源,靠人工繁育挽救濒危鸟类种群,这种把自然之美与先进技术手段结合的生态修复方式值得称赞;诗画江南催生了美丽经济,休闲农业、文旅、教育、康养、文创等乡村新业态不断涌现,农家乐、乡村"非遗"等地方特色产业蓬勃发展。"千万工程"是全面推进乡村振兴、建设美丽中国的实践,成效显著、影响深远,不仅在全国有示范作用,也得到了国际认可。2018年,浙江省"千万工程"荣膺联合国最高环保荣誉"地球卫士奖"。

---

[*]参见《一张蓝图绘到底——习近平总书记擘画浙江"千万工程"带来乡村巨变》,载《人民日报》2023年6月25日。编者对内容有所修改。

浙江省"千万工程"的实施构建起了"千村未来、万村共富"的乡村振兴新格局,从根本上反映的是发展理念的变革、发展方式的转变。从村庄环境建设到农村全面发展,从物质文明建设到精神文明建设,浙江省坚持人民至上、共建共享,引导群众自觉投入工程建设,将生态文明建设融入经济、政治、文化、社会建设各方面与全过程,努力使良好的生态环境成为最普惠的民生福祉,将生态优势转化为发展优势,构建起符合生态文明发展要求的绿色经济运行体系,逐步形成全方位各领域的生态文明建设大格局,成功走出了一条迈向农业高质高效、乡村宜居宜业、农民富裕富足的人与自然和谐共生的现代化道路,实现"美丽乡村"和"美丽经济"的精彩蝶变。

第五章

中国式现代化是走和平发展道路的现代化

人类社会面临前所未有的挑战，世界又一次站在历史的十字路口，中国毅然决然地将和平发展的大旗举得更高，明确指出走和平发展道路是中国式现代化的重要特征。这无疑打破了"国强必霸"的陈旧逻辑，同时着眼于全人类的未来，关注全世界的命运。

习近平总书记在党的二十大报告中指出："中国式现代化是走和平发展道路的现代化。我国不走一些国家通过战争、殖民、掠夺等方式实现现代化的老路，那种损人利己、充满血腥罪恶的老路给广大发展中国家人民带来深重苦难。"党的二十大报告特别将"走和平发展道路"放在了中国式现代化五个中国特色的关键位置，进一步突出表现这一特征所具备的特殊理论意义和现实意义：它宣示了中国将在发展过程中一如既往地延续中华民族血脉中固有的和平基因。

第一节

世界又一次站在历史的十字路口

党的二十大报告指出:"当前,世界之变、时代之变、历史之变正以前所未有的方式展开。一方面,和平、发展、合作、共赢的历史潮流不可阻挡,人心所向、大势所趋决定了人类前途终归光明。另一方面,恃强凌弱、巧取豪夺、零和博弈等霸权霸道霸凌行径危害深重,和平赤字、发展赤字、安全赤字、治理赤字加重,人类社会面临前所未有的挑战。世界又一次站在历史的十字路口,何去何从取决于各国人民的抉择。"[①]在这样的背景下,中国毅然决然地将和平发展的大旗举得更高,明确指出走和平发展道路是中国式现代化的重要特征。这一举动无疑着眼于全人类的未来,关注全世界的命运,具有深刻的现实关怀和鲜明的问题导向。

[①] 习近平:《高举中国特色社会主义伟大旗帜　为全面建设社会主义现代化国家而团结奋斗——在中国共产党第二十次全国代表大会上的报告》,人民出版社2022年版,第60页。

一、人类前途终归光明

自古以来，人类便对未来有着无限的憧憬，在数千年的历史长河中留下了一个个关于世界和平发展的美好构想。早在人类社会发展初期，鉴于当时的社会生产力极度落后、自然环境极为恶劣，人与自然之间往往会展开极为残酷的生存竞争，彼时孕育的许多神话和传说中便饱含人类对于光明美好前途的由衷期许。在不同的社会形态之下，各个时代的先哲和志士都发出过向往和平乐土的呼声：中国古代的诸子百家提出的"天下有道""兼爱""非攻""尚同"，古希腊柏拉图的"理想国"、亚里士多德的"理想城邦"，近代莫尔的"乌托邦"、康帕内拉的"太阳城"……他们所勾勒的这些理想社会无不蕴含着一种热切的期盼与渴望。而构成这些理想社会的最根本的条件就是和平、安定。正是在一代代人的憧憬中，世界上出现了一种距离光明前途越来越近的学说——马克思主义。

在马克思、恩格斯那里，人类社会未来的光明发展图景就是实现共产主义。同时，他们还认为，人类社会走向共产主义是一种必然趋势。马克思、恩格斯提出，现阶段的和平状态之所以很难持续，战争之所以常常会爆发，归根到底是因为私有制的存在。尽管私有制能够在一定程度上起到促进生产力发展的作用，但是私有制社会中的生产"建立在级别、等级和阶级的对抗上，最后建立在积累的劳动和直接的劳动的对抗上"①，统治阶级往往会出于掠夺更多财富、奴役对立阶级、转嫁自身危机等目的，武断地选择发动内外战争，采取一系列压迫和侵略手段，导致原有的和平状态被打破。而共产主义社会是建

---

① 《马克思恩格斯全集》（第四卷），人民出版社1958年版，第104页。

第五章
中国式现代化是走和平发展道路的现代化

立在公有制基础上的,是一个没有压迫和剥削、人人自由而平等的理想社会,所以能够实现持续和平。马克思、恩格斯还从唯物史观出发,得到了揭示人类社会发展趋势的"两个必然"这一结论:"资产阶级的灭亡和无产阶级的胜利是同样不可避免的。"①特别是近100年来,各国资产阶级通过自由调节,在实现生产力发展和科技进步的同时孕育了社会主义因素,这有助于建立新的世界秩序,且已经指明了一代代人将要实践的方向。通过一代代人的努力,人类最终必将逐步进阶至共产主义这一更高层次的社会形态。而这一切,恰恰是由资本主义生产方式的内在矛盾决定的,属于不以人的意志为转移的客观规律。

在科学理论的指导下,我们对于人类光明前途的到来应当抱有更为积极的态度。对照现实来看,这些美好愿景也绝对不是纸上谈兵。早在2013年,习近平总书记就深刻指出:"我们所处的是一个风云变幻的时代,面对的是一个日新月异的世界","旧的殖民体系土崩瓦解,冷战时期的集团对抗不复存在,任何国家或国家集团都再也无法单独主宰世界事务"。②这代表了一种正向的发展潮流,不仅能够为我们进入中外思想家自古以来所憧憬的光明前途提供一定的现实依托,还表明了我们在将马克思、恩格斯设想的场景转化为现实的征途中能够遇到诸多有利因素,进而加快人类步入光明前途的步伐。

第一,经济全球化持续推进。早在20世纪后期,在冷战结束、新科技革命等因素的推动下,全球范围内生产要素的配置速度和规模获得了持续发展,加之一系列科技成果的先后取得,生产力的整体进步显而易见。由于其恰逢各个主权国家兴起的特殊时间节点,所以这

---

① 《马克思恩格斯文集》(第二卷),人民出版社2009年版,第43页。
② 《习近平谈治国理政》(第一卷),外文出版社2018年版,第272页。

一生产力的巨大发展对于人类普遍交往具有更为深刻的推动意义，从而加快了全球化的进程。虽然近些年来也偶有逆全球化的沉渣泛起，但是正如习近平总书记所指出的"经济全球化是不可逆转的历史大势，为世界经济发展提供了强劲动力"①，继续推进经济全球化仍将成为大多数国家矢志奋斗的目标。

第二，世界多极化不可阻挡。多极化是遏制霸权主义、强权政治，进而实现国际关系民主化、全球治理秩序合理化的必由之路。美国等西方国家会因自身的霸权地位在这一过程中受损，而通过扩军备战等手段倡导自身"优先"，这对于维护多极化趋势构成了一定挑战，但是我们"要充分估计国际格局发展演变的复杂性，更要看到世界多极化向前推进的态势不会改变"②。这是因为两次世界大战之后掀起了全球范围内的民族解放运动，使原先维持了几个世纪的殖民体系在20世纪70年代彻底瓦解。在这一背景下，既有联合国等一系列合作性国际组织捍卫各新兴主权国家的独立地位，确保其沿着既定轨道继续谋求发展，又有包括中国在内的诸多负责任大国作为多极世界的重要一极，积极参与全球治理体系建设。

第三，文化多样化深入展现。文化多样化是人类文明进步的不竭动力，在文化交流屏障不断消除的背景下，全球范围内的文化交融意愿愈发明显、形式更为多样，不同国家、不同民族间各异的文化更能得到广泛展现。世界上各大主要国家纷纷认识到文化因素在国家核心竞争力中占据着愈发突出的地位，认识到文化软实力对于一个国家在激烈的国际竞争中夺取主动权具有更加深刻的影响，进而力求在国际范围内的文化融合浪潮中占据更为显著的地位。尽管在这一过程中难

---

① 《习近平谈治国理政》（第三卷），外文出版社2020年版，第200页。
② 《习近平谈治国理政》（第二卷），外文出版社2017年版，第442页。

免会出现不同类别的文化之间的交锋，也容易存在意识形态层面的纷争，但是科学技术新突破的实现、社会信息化程度的不断加深也在较大程度上确保了文化多样化有一定的现实依托。文化多样化最终一定能成为一种具有必然性的历史潮流。

二、人类社会面临前所未有的挑战

习近平总书记指出，"共产主义决不是'土豆烧牛肉'那么简单，不可能唾手可得、一蹴而就"[①]。马克思主义的发展观早已揭示了否定之否定的基本规律，说明任何事物发展都必然是前进性与曲折性的统一，人类这种光明前途的最终达至也不例外，必然要以先经历一个长期性、复杂性和艰巨性相互叠加的过程为基本前提，在螺旋式上升而非直线式前进中方能到来。正因如此，尽管我们坚信人类前途终归光明这一必然结论，但是我们更应该对照现实，深刻体会现阶段国际社会中各种风险和考验依然层出不穷，整体形势依然错综复杂，我们距离真正拥抱光明前途依然任重道远。"认识世界发展大势，跟上时代潮流，是一个极为重要并且常做常新的课题。"[②]毋庸置疑的一点是，当下的国际政治经济形势已经陷入了第二次世界大战结束后近80年来最为动荡不安的境地，新冠肺炎疫情、气候变化、区域冲突、大国对抗、经济萧条等消极因素的叠加为人类社会带来了前所未有的挑战，"和平与发展"这一时代主题虽然尚且能够维持，却无疑遭受到巨大的冲击，"人类也正处在一个挑战层出不穷、风险日益增多的

---

① 《习近平谈治国理政》（第二卷），外文出版社2017年版，第142页。
② 《习近平谈治国理政》（第二卷），外文出版社2017年版，第198页。

时代"①。党的二十大报告深刻描绘了百年未有之大变局中我们所面对的有增无减的风险和挑战,"恃强凌弱、巧取豪夺、零和博弈等霸权霸道霸凌行径危害深重,和平赤字、发展赤字、安全赤字、治理赤字加重"②。

第一,和平赤字。战乱频仍、生灵涂炭是人类历史演进的一个特点,向上可以追溯至伯罗奔尼撒时期,从现当代来看则有两次世界大战和持续了近半个世纪的冷战留下的阴影,这些都给人类带来了惨痛的记忆和深刻的教训。虽然当今时代的主题是"和平与发展",尽管各国人民都有着"要和平不要战争"的朴素追求,但就像黑格尔说的那样,人类从历史中学到的唯一的教训就是没有从历史中吸取到任何教训,总有一些国家、地区和组织,无法很好地化解民族宗教冲突和领土争端,最终引发区域性冲突和局部战争。加上恐怖主义势力依然猖獗发展,他们通过发动战争来推行自己的霸权和强权,不惜以别国的和平稳定为代价换取自身的利益,打开了"潘多拉的盒子",导致当今世界许多地方武装冲突接连不断,民众依然经受着炮火的摧残。所以,总体的和平、稳定、缓和并不能掩盖局部的战争、动荡、紧张,人类的头顶依然高高悬挂着一把战争的"达摩克利斯之剑",世界仍不太平!

第二,发展赤字。曾经一度高歌猛进的经济全球化显然是一把"双刃剑",会带来一定的负面影响,突出表现为国家和地区之间关系日益紧密所带来的全球范围内发展问题日益突出等不良后果。早在

---

① 《习近平谈治国理政》(第二卷),外文出版社2017年版,第538页。
② 习近平:《高举中国特色社会主义伟大旗帜　为全面建设社会主义现代化国家而团结奋斗——在中国共产党第二十次全国代表大会上的报告》,人民出版社2022年版,第60页。

第五章
中国式现代化是走和平发展道路的现代化

2008年国际金融危机爆发之时，欧美大陆产业空心化、技术优势流失、失业率上升等因素便造成了全球价值链的倒退，并引发了一系列经济、政治和社会层面的连锁反应。习近平总书记将其深刻总结为全球增长动能不足、经济治理滞后、全球发展失衡三个方面。美国特朗普政府执政以后着力渲染的逆全球化浪潮，使保护主义、单边主义上升，全球发展低迷，国际贸易和投资大幅度萎缩等现象日益严峻。世界经济发展长期处于低迷状态，还直接造成贫富两极分化和南北差距问题比20世纪突出了许多。在国际慈善组织乐施会（Oxfam）近年所做的统计中，全球排名前八的超级富豪所持有的财富大约相当于全球较贫穷的一半人口（36亿）所持有的财富总和，相关数据随后也得到了世界银行的证实。习近平总书记对此指出，"世界经济陷入低迷，经济全球化遭遇逆风，单边主义、保护主义抬头，公平和效率、增长和分配、技术和就业等矛盾更加突出，贫富差距仍普遍存在"①。这些现象纷纷表明，全球发展赤字问题显著，后果不堪设想。

第三，安全赤字。这是党的二十大报告提出的新概念。以往我们所理解的"四大赤字"除了和平赤字、发展赤字和治理赤字外，还包含信任赤字。但是，安全赤字与信任赤字间并不是取代与被取代的关系，应当说，安全赤字是在信任赤字的基础上进一步引发的问题，相较于信任赤字而言，安全赤字的外延更为广阔。缺乏足够的信任，甚至陷入信任危机、信任撕裂之中，进而便可能引发民粹主义、极端民族主义等问题，而这些恰恰可能成为世界变得混乱无序、动荡不安的主要诱因。我们提出这一概念，正表明我们对于当前人类社会所面临的风险和挑战有了更为深刻的认知。当前的安全赤字，既可以表现为政治安全、国土安全、军事安全等传统安全要素，也可以表现为经济

---

① 《习近平谈治国理政》（第四卷），外文出版社2022年版，第419页。

安全、网络安全、资源安全等多种非传统安全要素。总体来看，传统安全威胁和非传统安全威胁相互交织的态势愈演愈烈，人类面临的挑战和考验也越来越多，在现实中遇到的全球范围内重大疫情、人工智能伦理危机等，已经深刻表明安全赤字将影响到每一个人的日常生活和生命健康。

第四，治理赤字。现行的全球治理体系形成于第二次世界大战之后，主要由西方资本主义国家主导。在实际的运行过程中，部分国家把全球治理作为小集团内部谋取霸权的政治活动，倚仗自身的国家实力叫嚣"一国独霸"或"几方共治"，认为这才是有助于形成稳定治理格局的最终出路。但是，这样的治理体系不仅不能代表全体国家的意愿和诉求，甚至还缺乏对它们的包容，导致不少发展中国家被排斥。因而，在这种治理权力被垄断、治理民主化程度不高的情况下，各种治理危机层出不穷。比如，在许多领域和区域之中，单边主义甚至成了主角，取代了多边主义的地位，各种打压竞争对手、实行脱钩策略的现象层出不穷；国际事务无法由各国之间商量着办，国与国之间的优势难以形成互补，各国治理的成果也得不到较大程度的共享；在相应过程中，以联合国为代表的各大国际组织的建设性作用也很难得到有效发挥。这些治理赤字的具体表现，归根到底都是因为陈旧的治理理念不合乎全球治理的时代要求。

三、打破"国强必霸"的陈旧逻辑

人类社会之所以会在现阶段的发展过程中遇到这样那样的深重危机和严峻挑战，根本原因就在于先前多数国家在实现现代化的问题上奉为圭臬的"国强必霸"道路具有先天弊端。世界现代化进程开始于西欧，主要通过资本主义生产方式实现，从一开始就带有典型的世界

第五章
中国式现代化是走和平发展道路的现代化

性特征,所以它开辟了"世界历史"的进程,这使得任何一个国家在现代化过程中的活动和影响都应当被放到整个世界的视域中去考量。正如马克思、恩格斯在《共产党宣言》中所指出:"资产阶级,由于开拓了世界市场,使一切国家的生产和消费都成为世界性的了。"[①]现代化带来了全球化的时代,迄今为止的全球化进程依然以资产阶级为主导力量,其背后所蕴含的资本驱动的逻辑具有双重属性。我们当然不能否认它具有一定的进步性,这主要表现为社会生产力的不断发展,直接促使更多国家具备了开启现代化进程的基础条件,进而提供了人实现自由而全面发展的必要条件。

与此同时,我们也不能忽视资本驱动的路径具有一定的落后性,即加剧了国与国之间的差距,制造了"发达与不发达"的实力分野。"商品价值从商品体跳到金体上……是商品的惊险的跳跃。"[②]资本主义大国为了在从产品跳跃至商品的经济活动中攫取丰厚的利润,往往会不择手段,借助殖民掠夺、扩张性战争、不均衡贸易、大规模倾销等极为恶劣的方式,以其他国家和地区深陷债务和金融的旋涡以至于在经济和政治层面纷纷沦为其附庸为代价,换取自身实现财富积累和经济增长的契机。这一过程带有鲜明的剥夺色彩,往往将一国的发展和繁荣建立在霸权主义路径的基础之上,将一国的现代化建立在更多国家综合国力倒退甚至整个世界体系出现裂缝的基础之上,最终形成了"国强必霸"的现代化逻辑。这样的现代化逻辑以不断上演世界霸权更迭、国家兴衰交替、大国轮流坐庄的闹剧为结果,不仅使沦为附庸的不发达国家陷入泥淖之中,也使这些资本主义大国自身日益面临深重的现代性危机,进而将资本所具有的盲目、异己的力量发挥得淋

---

① 《马克思恩格斯文集》(第二卷),人民出版社2009年版,第35页。
② 《马克思恩格斯文集》(第五卷),人民出版社2009年版,第127页。

漓尽致,最终集中表现为世界发展进程中遇到的"四大赤字"等严峻问题。

那么,这种带来恶果的"国强必霸"陈旧逻辑是否必要?人类社会除此之外是否还有别的走向现代化的路径选择?其实,马克思在考察俄国革命的时候就已经提出了一种设想,即"不通过资本主义制度的卡夫丁峡谷,而占有资本主义制度所创造的一切积极的成果"①。这就说明他所期待的现代化新路既能免于像资本主义国家一样带有剥夺性,通过霸权主义的手段实现发展,又能够恰到好处地利用资本主义现代文明的先进性,使之对生产力的发展乃至人的解放起到促进作用。如果我们能够通过实践探索,真正找到这条现代化新路并行稳致远,那么就可以自信地说我们已经成功突破了原先的逻辑局限,进而可以将"国强必霸"丢弃到现代化历史的垃圾桶中。问题是时代的声音,理论是时代的呼唤。当世界又一次站在历史的十字路口时,我们顺应时代的潮流,选择这条能够成功打破"国强必霸"陈旧逻辑的新路,回答好"世界怎么了""人类向何处去"之问,是更加迫在眉睫的现实需要。

实际上,马克思、恩格斯早已通过科学社会主义学说,从理论上指明了打破"国强必霸"逻辑的关键密钥就是和平。1845年恩格斯在爱北斐特发表的演说中指出:"我们消灭个人和其他一切人之间的敌对现象,我们用社会和平来反对社会战争。"②说明马克思、恩格斯所致力于实现的共产主义必然反对以压迫、剥削、殖民、扩张为特征的霸权主义行为。在列宁领导十月革命胜利、建立了人类历史上第一个社会主义国家之后,和平发展更是被鲜明地写在无产阶级的旗帜

---

① 《马克思恩格斯文集》(第三卷),人民出版社2009年版,第580页。
② 《马克思恩格斯文集》(第二卷),人民出版社1957年版,第608页。

第五章
中国式现代化是走和平发展道路的现代化

上,这直接启发了中国共产党在领导建国、富国、强国的过程中先后提出和平共处五项原则、主张和平的社会主义、"和平与发展"时代主题等一系列极具创见的理论和论断。在21世纪初,"和平发展"更是上升到了中国国家战略的高度,这样一来,全世界都能看出中国有着通过走和平发展道路打破"国强必霸"陈旧逻辑的信心和决心。

"每一个时代的理论思维,包括我们这个时代的理论思维,都是一种历史的产物,它在不同的时代具有完全不同的形式,同时具有完全不同的内容。"[1]党的二十大明确将"走和平发展道路"作为中国式现代化的五个基本特征之一,便是充分考虑了纷繁复杂的世界形势,进一步突出了和平发展道路的价值意蕴。这既向世界展示了中国所一以贯之、长期坚持的外交政策导向究竟是什么,又通过几十年来生动的发展事实证明了"国强必霸"的逻辑具有虚伪性、证明了和平发展道路具有可行性,更是展示了中国以世界上最大发展中国家的身份为各国提供的实现"跨越卡夫丁峡谷"愿景的新路,呼吁更多国家通过转换实现现代化的路径,进一步打破"国强必霸"的陈旧逻辑,消除人类当前所面临的种种挑战,从而愈发接近并最终拥抱人类社会的光明发展前途。因此,走和平发展道路作为一种指导人类社会现代化进程的理论构建,体现了鲜明的问题导向和实践意识,必将因其所具备的深刻革命性和超越性而引发全球政坛和学术界、理论界,甚至是民间社会的高度关注和深刻思考。

---

[1]《马克思恩格斯文集》(第九卷),人民出版社2009年版,第436页。

第二节
走和平发展道路是中国的必然选择

走和平发展道路不是从天上掉下来的，也不是凭空想象出来的，而是当代中国推进社会主义现代化建设、探索人类社会现代化新路径的必然选择。这是因为，"中国式"这个最基本的前提赋予了它特定的实践空间、领导主体和具体过程，这些因素伴随着历史与逻辑的统一不断交织，而"和平"这一线索也在这一过程中渐次展开。只有弄清楚这一点，才能充分说明和平发展已经成为铭刻在中国人内心的深沉精神追求，成为中国永远不会改变的鲜明路径取向。

一、中华民族是热爱和平的民族

历史的中国是当下中国的源流，当下的中国是历史中国的延续。理解中国在实现现代化的过程中为什么必须走和平发展道路，离不开聚焦中华民族发展史，它是诠释中国这个特定的现代化实践空间中各种精神要素的根本线索。中国有着全然不同于西方的历史特点、民族特性和文化特征。自古以来，中华民族便有着热爱和平、追求和睦、信仰和谐的优良传统，一代代中国人薪火相传的对外交往活动是通商而非侵略扩张，所执着的准则是保家卫国的爱国主义而非开疆拓土的

第五章
中国式现代化是走和平发展道路的现代化

殖民主义。在崇尚和平而非崇尚武力的实践中，中国终于一步步走向了现代化这一历史关口。正如习近平总书记所指出："中国不认同'国强必霸论'，中国人的血脉中没有称王称霸、穷兵黩武的基因。"①和平主义成为融入中国人民血脉之中的独特精神养分。

第一，体现在思想文化上。儒家思想是延续数千年的中国封建社会的正统思想，也是中华民族立国处世的基本哲学，对于塑造中国人的性格特征、思维模式和价值取向起到重要作用，深深地融入一代代中国人的血脉，并对已经发生了社会形态变迁的当代中国依然具有重要影响。儒家最为倡导的观念包括"礼""道""义""仁"等，而"好战"则是与之相抵触的，所以中国人自古以来都拒斥武力和战争，在反对暴力的同时积极倡导和平，最终形成了流传至今的中华民族传统和平思想，隶属于和合文化的整个范畴，特别聚焦于国与国之间的关系。例如，《尚书》中便有"百姓昭明，协和万邦"的记载，意思是无论人与人还是国与国之间都必须保持和平友好的交往态度。总的来说，从诸子百家所倡导的"和而不同""兼爱非攻""敦亲睦邻""协和万邦"等概念中，都可以感受到中华民族自古以来对和平的由衷热爱。除此之外，古代中国还形成了以"以义率利，义利统一"为核心内涵的义利观，这决定了中国在谋求发展、获得利益的过程中不可能采用侵略扩张这种不合乎"义"之准则的野蛮手段。

第二，体现在行为实践上。秦始皇下令修筑的万里长城堪称世界建筑史上的一大奇迹，其发挥的主要是防御性功能，而非侵略性或扩张性功能。随后的西汉时期，丝绸之路的开辟大大促进了中国与西域

---

① 习近平：《弘扬和平共处五项原则　建设合作共赢美好世界——在和平共处五项原则发表60周年纪念大会上的讲话》，人民出版社2014年版，第12页。

之间平等的贸易往来和文化交流。汉武帝还派遣使者出访，积极传播中华文化，留下了张骞出使西域等联结关系、增进友谊、互利合作的和平佳话，沿线国家的百姓均从中受益。到了唐朝全盛时期，中外和平友好的交流往来空前活跃，先后有70多个国家与唐王朝建立了外交关系，使节、客商和留学生云集于都城长安，中华文化得益于这样的和平交往而得到了大规模传播。在明朝国力强盛、经济繁荣的情况下，朝廷先后七次派遣航海家郑和率领当时世界上最强大的船队漂洋过海，足迹广泛分布在东南亚和非洲东海岸共计30余个国家和地区。"下西洋"的目的不是搞殖民扩张，而是向各国广泛播撒和平友好的种子，在这一过程中，我们从来没有占领别国的任何一寸土地。

第三，体现在历史记忆上。习近平总书记深刻指出："近代以后，中国人民饱受列强侵略之害、饱经战火蹂躏之苦，更是深深懂得战争的残酷、和平的宝贵。"①面对鸦片战争以来各国列强的接连来犯，为了实现救亡图存的愿望，求得一方的和平与安定，几代仁人志士上下求索，他们义无反顾地冲在战斗一线，奋不顾身地以死报国，以血和泪写就了为正义而战的史诗，铸成了为和平而战的丰碑。终于，中国迎来了国家不再蒙难、人民不再蒙辱、文明不再蒙尘的胜利。从战争废墟中逐渐崛起的中国人透过历史这面镜子，更加深刻地体会到处于战乱之中是何其痛苦，从而也更加认识到和平的来之不易。中国人深谙"己所不欲，勿施于人"的深刻意涵，自然也不会信奉"弱肉强食"的强盗逻辑而主动挑起战争，而是进一步增添了守护和平、捍卫和平的决心。当前蓬勃发展的中国人民争取和平与裁军协会等民间和平组织，便是中国人从刻骨铭心的历史记忆中得到启发，进而珍惜和

---

① 中共中央党史和文献研究院编：《十九大以来重要文献选编》（中），中央文献出版社2021年版，第769页。

平安定的生活，并且更好地守护和捍卫和平、彰显中华民族爱好和平的固有属性的有力诠释。

和平是深深镌刻在中国人骨子里的气质，和平主义是中华文明中的重要原则，这一点早就已经得到了国际社会的广泛认可。早在16、17世纪，亲自考察了中国、形成了对中华民族精神气质深刻认知的意大利传教士利玛窦就认定中国的历史文化传统全然不同于西方，没有西方那种穷兵黩武、扩张国界的野心。后来，德国社会科学家韦伯在《儒教与道教》等作品中，通过考察中国封建社会的政治史和思想史诠释了中华民族和平主义的品质。而英国哲学家罗素在谈论中国人的性格时，也表示他最推崇的便是中国人热爱和平的伦理品质，并指出这种依据公正原则而非诉诸暴力的处事方式值得全世界学习。此外，海外汉学家从博大精深的汉字文化入手，指出汉字中的"武"字其实是"止"和"戈"的会意字，并对照《左传》《周易》等传统经典进行了解释。所以，热爱和平的中华民族在步入现代化的关口时继续恪守和平主义，无疑是充分考虑了现代化进程所立足的中华民族这一具体实践空间有着什么样的伟大传统，进而实现了对伟大传统的延续和升华。

二、中国共产党是胸怀天下的政党

《关于党的百年奋斗重大成就和历史经验的决议》将"坚持胸怀天下"作为中国共产党的一条重要的历史经验，说明中国共产党有着和平主义的伟大传统和文化气质，体现了马克思主义执政党为人类社会发展作出更大贡献的宽阔胸襟和宏伟气魄，也为我们更好地走和平发展道路提供了精神层面的滋养。这是因为放到实践中来说，和平发展道路不可能直接经由理论孕育而出，而是需要强有力的领导力量，经由胸怀天下的品质，将理念真正转化为行动，转化为推动治国理政现实进程的磅礴之力，而中国共产党正是领导当代中国走和平发展道路的主体力量。正如习近平总书记所指出："我们的和平发展道路来之不易，是新中国成立以来特别是改革开放以来，我们党经过艰辛探索和不断实践逐步形成的。"[①]从成立之日起，中国共产党便将为人类谋进步、为世界谋大同作为自身的崇高追求，并把党和人民的一切事业作为人类进步事业的内涵要义，顺应世界发展潮流形成对中国革命、建设、改革事业的把握和推动。在这样胸怀天下的过程中，中国共产党始终坚持和平这一准则。

早在1922年召开的党的二大上，我们党便通过了《关于"世界大势与中国共产党"的议决案》。这一文本带有显著的反帝反封建性质，表明当时尚处于幼年的中国共产党已经具有胸怀天下的优秀品质，能够自觉站在世界发展大势的高度、带着对封建主义帝国主义的拒斥情感、带着对世界和平安定的深切向往来把握中国革命的实践规律。到了抗日战争时期，中国共产党继续坚持胸怀天下，坚持为了人类的和平与正义而战，不仅率先高高举起了武装斗争的旗帜，还领导人民建立了抗日民族统一战线、开辟了世界反法西斯战争的东方主战场，成为当时中国反战求和平的中流砥柱，也为世界和平进程作出了杰出贡献，建立了不朽的功勋。

新中国成立后，中国共产党再次仔细考察了世界发展大势和国际力量格局，对中国人民乃至全人类的前途命运展开深刻思考，因势利导地将和平大旗举得更高。面对烧到鸭绿江边的战火，党中央果断作出出兵援助朝鲜的决策，既捍卫了自身的和平与安全，也捍卫了东亚地区的和平与安全，同时更是通过阻止"热战"进一步延续，捍卫了

---

① 《习近平谈治国理政》（第一卷），外文出版社2018年版，第248页。

第五章
中国式现代化是走和平发展道路的现代化

世界范围内的和平与安全，无疑是胸怀天下的鲜明写照。此后很长一段时间内，中国共产党通过自身的有力作为，在与世界的互动中将和平发展道路延伸得越来越宽广。我们提出独立自主的和平外交政策、倡导和平共处五项原则、恢复在联合国的合法席位、与日美等大国关系实现"破冰"……在相应过程中，中国共产党反对帝国主义、霸权主义、殖民主义的立场始终没有改变，对全天下、全人类的关切始终没有改变，对和平发展的深切追求始终没有改变，无疑是国际舞台上倡导和平、捍卫和平、推动和平发展进程的重要政治力量。

党的十一届三中全会作出了实行改革开放的历史性决策，我国由此进入了社会主义现代化建设的新时期。中国共产党作为现代化事业的领导力量，深刻地总结国内国外两个方面的历史经验和教训，成功地抓住了时机。在准确勘定"和平与发展"这一时代主题的基础上，依据社会主义初级阶段基本国情，中国积极拥抱全球化潮流，顺应世界日渐走向多极化的历史趋势，实现全方位开放。在此过程中，邓小平深刻指出，"中国搞社会主义……是主张和平的社会主义"[①]。在这一思想指导下，中国共产党领导中国人民在与世界交融的过程中"一心一意搞建设"，不仅实现了从生产力相对落后到经济总量跃升至世界第二位的巨大突破，而且通过旗帜鲜明地反对霸权主义和强权政治，致力于推动形成公正合理的国际政治经济新秩序，从而对全人类的和平与发展事业作出了重要贡献。

党的十八大以来，以习近平同志为核心的党中央站在历史新起点，统筹把握中华民族伟大复兴战略全局和世界百年未有之大变局，为解答"世界怎么了""人类向何处去"等时代之问、世界之问贡献了中国智慧、中国方案和中国力量，进一步彰显了中国共产党人坚持

[①]《邓小平文选》（第三卷），人民出版社1993年版，第328页。

胸怀天下的优秀品质。举世瞩目的是，中国共产党领导中国人民经过持续奋斗，特别是经过中国特色社会主义进入新时代以来的努力，成功走出了中国式现代化道路，创造了人类文明新形态，为发展中国家走向现代化提供了一条带有和平属性的新途径。在发展过程中，中国经济对世界经济增长的贡献率长期以来高达30%，中国所提倡构建的"一带一路"等对话平台成为国际合作的新空间，人类命运共同体引领时代的前进潮流……这些惊天动地的壮举足够说明，中国共产党的思维并没有停留在过去，没有停留在殖民扩张的旧时代，没有停留在零和博弈的谬论所指导的"国强必霸"的陈旧逻辑之中，而是以胸怀天下的品质和气魄回应了西方资本主义国家炒作的"中国威胁论""中国霸权论"，避免了落入"修昔底德陷阱"。

新中国刚刚成立时，由于以美国为首的西方国家不断孤立和封锁我们，鲜有国家愿意与我们建立外交关系。经历了70多年的风雨沧桑，我们获得了良好的国际声誉、显著的国际影响力，因而与我国建交的国家数量从1950年的17个上升到如今的接近200个。拿破仑曾经预言："中国是一头沉睡的雄狮，当这头雄狮醒来时，世界都会为之颤抖。"如今，接连不断的中国奇迹充分表明这头雄狮已经醒来！带领这头雄狮开启"觉醒年代"的，正是作为当代中国发展前进事业领导主体、具有胸怀天下优秀品质的中国共产党。

三、富含和平意蕴的人类文明新形态

习近平总书记在庆祝中国共产党成立100周年大会上指出："我们坚持和发展中国特色社会主义，推动物质文明、政治文明、精神文明、社会文明、生态文明协调发展，创造了中国式现代化新道路，创造了人类文明新形态。"①人类文明新形态之所以"新",关键就在于其与西方资本主义文明之间形成了鲜明对比。从一般意义上来说,文明本应当是与野蛮相对的,应当标志着人类摆脱茹毛饮血、弱肉强食的自然状态,不再接受丛林法则的支配,而是寻求人与人、国与国之间的和平相处状态。然而,由于资本具有逐利性,西方资本主义文明带来的结果最终并不尽如人意。在资本的驱使下,这种文明形态虽然的确能够摆脱"人的依赖关系",却转而陷入了"物的依赖"的窠臼之中,野蛮的一面也暴露得一览无余。正如马克思所指出:"资产阶级在它已经取得了统治的地方把一切封建的、宗法的和田园诗般的关系都破坏了。"②最终,资本主义发展道路所开创的文明形态反而走向了文明的反面,甚至需要通过构筑"文明冲突论"等学说来压制其他文明,促使各国的文明模式定于一尊,进而捍卫资本主义文明背后的现代化道路所蕴含的资本逻辑,过程中缺乏了"和平"的意蕴。

中国式现代化着力于跳出这种"用血和火的文字载入人类编年史"的陈旧文明模式,创造出一种富含和平意蕴的人类文明新形态。列宁指出:"世界历史发展的一般规律,不仅丝毫不排斥个别发展阶段在发展的形式或顺序上表现出特殊性,反而是以此为前提的。"③当代中国在社会主义条件下,依靠政治权力驾驭和利用资本逻辑,强调以人民为本位,当然可以开辟出一条超越资本主义文明的新文明道路,形成人类文明新形态。这样的人类文明新形态背后蕴含着自力更生、艰苦创业的和平发展道路,既不希望压制其他国家,也不期待其他文明的衰落,而是基于共同发展的理念倡导各种文明在交融的基础

---

① 《习近平谈治国理政》(第四卷),外文出版社2022年版,第10页。
② 《马克思恩格斯文集》(第二卷),人民出版社2009年版,第33—34页。
③ 《列宁选集》(第四卷),人民出版社2012年版,第776页。

上为增进全人类福祉和实现全人类文明进步作出贡献，向所有渴望和平发展的民族和国家提供了一种全新的实践方案，拓宽了发展中国家实现现代化的路径。

中华民族拥有5000多年的辉煌文明史，中国式现代化进程也善于学习和借鉴人类社会一切优秀的文明成果。因此，我们最终形成的这种人类文明新形态，既是对中国式现代化道路的内涵提炼，也是马克思主义基本原理同中国具体实际相结合、同中华优秀传统文化相结合的产物，更是中华文明在21世纪呈现出的最新形态，其必然是与和平发展道路相适配的，也是能够彻底摆脱"人的依赖"和"物的依赖"，与"人的自由而全面发展"这一远景目标相契合的。我们创造了政治文明新形态，通过发展全过程人民民主，突出民主这一全人类共同的价值理念在政治文明中的核心地位，为和平发展提供了主体条件。我们创造了物质文明新形态，通过实行社会主义基本经济制度，完成了工业化历程并书写了经济快速发展的奇迹篇章，为和平发展提供了物质基础。我们创造了精神文明新形态，通过用社会主义核心价值观凝聚共识，坚定了社会主义先进文化方向，为和平发展提供了动力源泉。我们创造了社会文明新形态，通过推进国家治理体系和治理能力现代化，坚持了以人民为中心的准则，为和平发展提供了内部支撑。我们创造了生态文明新形态，通过遵循"绿水青山就是金山银山"的绿色发展理念，推动了美丽中国建设进程，为和平发展提供了长远条件。以上五者以和平发展为最鲜亮的底色，相互协调、相互促进，构成了多种文明在当代中国这一特定时空条件下交汇交融的宏伟格局，使得中国式现代化所创造的崭新文明形态最终形成，"和平"意蕴成为贯穿始终的重要线索，极大程度上丰富了人类文明发展历程中的坐标图谱和形态史。

中国式现代化及其所开创的这种人类文明新形态，不仅是属于中

第五章
中国式现代化是走和平发展道路的现代化

国的，更是属于全世界的，由此也更加凸显了和平发展的内在价值意涵。当今世界共有200多个国家和地区，其中只有不到30个国家实现了现代化，人口总数不足10亿。中国拥有14亿多人口，倘若完全实现了现代化，无疑是对世界文明的巨大贡献。面对这么多的人口、这么大的国土，中国式现代化的内在要求必然包括和谐有序、安定统一。党的二十大报告通过将人类文明新形态与中国社会主要矛盾紧密相连传递出了如上内涵要义，"明确我国社会主要矛盾是人民日益增长的美好生活需要和不平衡不充分的发展之间的矛盾，并紧紧围绕这个社会主要矛盾推进各项工作，不断丰富和发展人类文明新形态"①。当我们将这一命题推演至更加广阔的世界视角来看，相对应的题中之义就是和平共处、合作共赢，构建人类命运共同体。这说明在错综复杂的国际关系之中，我们也必须着眼于统筹发展和安全，围绕人类所共同面临的主要问题协商对话、共同求解。所以，中国式现代化所开创的人类文明新形态，既有鲜明的本土叙事和民族特征，也包含着鲜明的人类情怀和世界指向，所突出的"和平"意蕴必然呼唤一个开放包容、普遍安全、清洁美丽、共同繁荣的世界到来，呼唤人们进入真正的文明状态。这样的内涵要义不仅遵循了历史和文明的发展规律，还有利于推动生产力的进步和人的发展，推动人类整体发展前行，对人类社会形态进阶史作出了积极贡献。

---

① 习近平：《高举中国特色社会主义伟大旗帜　为全面建设社会主义现代化国家而团结奋斗——在中国共产党第二十次全国代表大会上的报告》，人民出版社2022年版，第7页。

第三节

推动构建人类命运共同体

"中国始终坚持维护世界和平、促进共同发展的外交政策宗旨，致力于推动构建人类命运共同体。"① "构建人类命运共同体"既是中国针对"建设一个什么样的世界、如何建设这个世界"等关乎人类前途命运的重大课题作出的回答，也是中国以真正的多边主义为基本准则，坚持永远不称霸、永远不搞扩张的最真实写照。其基本内涵是"共同为建设持久和平、普遍安全、共同繁荣、开放包容、清洁美丽的世界而奋斗"②，紧密遵循了人类社会发展规律，着眼于世界整体，反对在小圈子、小阵营中"拉帮结伙"，反对在国际事务和全球议题上采取阵营分裂的做法。早在2011年发布的《中国的和平发展》白皮书中，中国政府便用"命运共同体"这一概念来诠释各国间相处与合作的方式。党的十八大报告中的相关表述则是"倡导人类命运共同体意识"，主要是将其作为一种外交理念进行阐发。后来，习近平

---

① 习近平：《高举中国特色社会主义伟大旗帜　为全面建设社会主义现代化国家而团结奋斗——在中国共产党第二十次全国代表大会上的报告》，人民出版社2022年版，第60页。

② 《习近平谈治国理政》（第三卷），外文出版社2020年版，第187页。

第五章
中国式现代化是走和平发展道路的现代化

总书记多次针对东盟、非洲、拉丁美洲等不同组织或地区提出区域性"命运共同体",并在2015年联合国成立70周年的系列活动期间正式提出"打造人类命运共同体",标志着人类命运共同体从意识走向了实践层面,进而成为展现中国走和平发展道路实践举措的一种战略思想。2017年3月17日,联合国安理会一致通过的决议中首次写明了"构建人类命运共同体"这一关键概念,也在更大程度上标志着中国所倡导的和平发展道路的实践要义得到了国际社会的广泛认可。第71届联合国大会主席彼得·汤姆森直接指出,构建人类命运共同体是人类在这个星球上的唯一未来。中国是这一概念的首倡者,也是践履者,其将推动构建人类命运共同体作为走和平发展道路的重要举措,成就了一系列举世惊叹的伟大作为。

一、做世界和平的建设者

永享和平是各国人民共同的梦想,维护世界和平是当代中国一以贯之的心愿和期许。从20世纪50年代开始,中国便先后通过提出并倡导和平共处五项原则、确立和奉行独立自主的和平外交政策、坚持防御性的国防政策等一系列举措,发出了反对干涉别国内政、反对以强凌弱的声音,并将自身对世界作出的永远不称霸、永远不搞扩张的庄严承诺落到了实处,进而为维护世界和平事业作出了历史性贡献。纵使风云变幻,依然初心不改。几十年来,虽然国际局势举棋不定,和平问题尚未得到彻底解决,但是中国做世界和平建设者的决心一以贯之。特别是党的十八大以来,在倡导构建人类命运共同体的新愿景、新目标之下,中国的和平发展道路越走越宽,中国做世界和平建设者的昂扬姿态愈发明晰,积极通过一系列举措与各国人民共谋和平、共护和平、共享和平。

第一，充分履行了自身作为安理会常任理事国的应尽义务。中国始终站在和平与正义的一边，站在维护《联合国宪章》宗旨和原则的一边，在安理会先后讨论的朝核危机、伊朗核危机、中东问题、俄乌冲突等一系列重大地区性热点问题上，始终秉持和平性、正当性和建设性原则，大力倡导并积极推动采取对话协商、友好谈判等和平的方式来协调分歧、缓和冲突、解决争端，坚决反对滥用威胁或武力手段。在联合国组织维和行动、裁军事务等事项的过程中，中国主动配合并积极参与。自1992年首次派出成建制的"蓝盔部队"参与维和行动以来，30多年时间里，共有5万余人次中方维和人员先后赴20多个国家和地区，参加了近30项联合国维和活动。相关数据表明，中国已经成为安理会常任理事国中派遣维和人员最多的国家。在这些维和活动中，中方不仅通过积极参与和大力呼吁的方式，为反恐、反扩散等领域的国际合作作出了卓越贡献，还通过派遣救援队等形式积极为遭遇地震、海啸、疫情等严重自然灾害的国家提供切实有效的援助，彰显了人道主义光辉。在亚丁湾、索马里等海盗行为猖獗的海域，中国积极派遣海军护航编队，有效地维护了公海的安全与和平。中国维和部队在一系列活动中展现出了纪律严明、作风过硬、素质优良等突出品质。联合国负责维和事务的副秘书长拉克鲁瓦不禁夸赞："中国在联合国维和行动中发挥了重要作用，在维护世界和平上体现了大国担当！"

第二，在解决与自身相关的区域分歧中展现出最大的诚意。中国是世界上邻国最多的国家，身处东亚大陆，面临着较多的海陆领土纠纷等历史遗留的区域分歧。中国出于对人类道义的衡量和对现实利害的权衡，正确地认识到必须通过展现最大的诚意、运用和平手段来解决这些区域分歧，否则东亚大陆局势势必会动荡不安，进而会对整个亚洲太平洋地区的和平秩序构成挑战，最终不利于世界和平力量的增

第五章
中国式现代化是走和平发展道路的现代化

长。所以,党的十六大上确定了"与邻为善、以邻为伴"的周边外交方针,并一直坚守和奉行,体现了中华民族对与周边国家山水相连、血脉相通、人文相亲的特殊情分的重视。中国由此不断强化与周边国家之间的睦邻友好和务实合作关系,在解决分歧的过程中强调采用对话协商、谈判沟通等和平方式,先后同12个陆地邻国顺利就历史遗留的边界冲突达成了解决方案,并在海洋权益争端中提出了"搁置争议、共同开发"的主张,充分展现了一种建设性的姿态。因此,南海、东海及周边地区的和平稳定在中国的长期努力下得到了切实维护。

第三,在涉核事务上保持了高度的理性和审慎的态度。1964年10月16日,中国第一颗原子弹在新疆罗布泊核试验场成功爆炸,标志着中国成为世界上继美国、苏联、英国、法国之后第五个拥有核武器的国家。三年后的1967年6月17日,中国第一颗氢弹爆炸成功。此后十余年中,多个型号的导弹先后研制和发射成功,表明中国的核武器事业取得了显著发展。1983年召开的国际原子能机构第27届大会上,中国正式被接纳为该机构的成员国,并于次年1月1日正式生效,标志着中国自此有了"核大国"的身份地位。但是,中国在核研究上积极取得突破,并不是为了把核武器用作侵略扩张的工具,而是从新中国成立初期的朝鲜战争和金门炮击等相关事件里帝国主义对中国进行核讹诈中得到了一定启示。毛泽东主席就曾在多个内政外交场合阐明了中国共产党人对核武器、核战争的看法和态度,例如他在1956年4月召开的政治局扩大会议上指出:"在今天的世界上,我们要不受人家欺负,就不能没有这个东西。"[①]1961年9月会见英国蒙哥马利元帅时,毛泽东主席又特别说明:"我们即使搞出来,也只是一

---

① 《毛泽东文集》(第七卷),人民出版社1999年版,第27页。

个指头。这是吓人的东西，费钱多，没有用。"[1]同时，毛泽东主席还极富历史预见性地提出应当像禁止化学武器一样达成各国都不使用核武器的协议。以上论述表明我们的思路是通过发展核技术来制约其他核国家，从而形成自卫能力，防止核战争爆发。所以在1992年，中国便正式加入了《不扩散核武器条约》，并在1996年《全面禁止核试验条约》开放签署后成为首批签署条约的国家。中国是当今世界唯一公开承诺不首先使用核武器、不对无核武器国家和无核武器区使用或威胁使用核武器的核国家，为各国树立了反对应用核武器的典范。中国在核战略方面所展现出的最大限度透明，为国际核裁军事业作出了巨大贡献。

二、做全球发展的贡献者

中国的发展离不开世界，世界的繁荣也需要中国。特别是在经济全球化的背景下，中国与世界的这种"你中有我、我中有你"的利益交融互动关系愈发明晰。当前，南北差距、技术鸿沟、非传统安全等突出问题使全球发展进程遭遇重创，根据联合国开发计划署发布的相关报告，当前全球范围内已有超过90%的国家陷入了发展困境。而中国作为世界上最大的发展中国家，自始至终坚持发展为第一要务不动摇，将"以人民之心为心，以天下之利为利"作为自身路径抉择的根本宗旨，与世界各国携起手来，着力于形成高质量的发展伙伴关系，全力以赴地面对全球发展过程中存在的各种复杂问题，俨然成为全球发展的贡献者。

---

[1] 中华人民共和国外交部、中共中央文献研究室编：《毛泽东外交文选》，中央文献出版社1994年版，第476页。

第五章
中国式现代化是走和平发展道路的现代化

第一，积极谋求人类社会合作共赢的现实发展方案。心合意同，谋无不成。中国不主动搞制裁、脱钩、分裂、对抗等单边主义行径，而是提供各种现实发展方案，彰显了破解发展难题的中国智慧。这些方案强调不同国家和民族在全球发展事业上凝聚共识，"拧成一股绳"，解决发展不平衡的问题，共创繁荣发展的新时代。首先，"一带一路"倡议是现阶段中国提出的最具影响力和深远战略意义的共赢发展方案。这一倡议所倡导的以"政策沟通、设施联通、贸易畅通、资金融通、民心相通"为内涵的"五通"理念，直接指明了人类应当如何把共赢的理念转化为合作的现实。自2013年首次提出至今，"一带一路"大家庭中的成员越来越多，得到的来自包括联合国在内的各国际组织和主权国家的支持、理解和认可也越来越多。其次，中国因时因势回应各种现实问题和紧迫挑战，提出与实时政治经济局势相契合的发展方案，防止发展成果被吞噬。"发展是实现人民幸福的关键。面对疫情带来的严重冲击，我们要共同推动全球发展迈向平衡协调包容新阶段。"[1]在人类发展指数出现30年内首次下降的突出险境之下，中国率先发出并加快落实全球发展倡议，将构建全球发展共同体作为基本目标，划定了减贫、粮食安全、抗疫和疫苗等重点领域范围。正如习近平总书记所指出："这个倡议是向全世界开放的公共产品，旨在对接联合国2030年可持续发展议程，推动全球共同发展。中国愿同各方携手合作，共同推进倡议落地，努力不让任何一个国家掉队。"[2]最后，在提出一系列方案的同时，中国积极带头实践，做负责任的落实者，使发展方案没有流于空谈。最典型的例证便是中国设立了以"中国—联合国和平与发展基金"为代表的一系列发展专项

---

[1] 《习近平谈治国理政》（第四卷），外文出版社2022年版，第468页。
[2] 《习近平谈治国理政》（第四卷），外文出版社2022年版，第486页。

基金，通过鲜明可见的金额投入，保障不同国家和地区从中受益。

　　第二，以自身的贫困治理和经济发展认真落实减贫目标。贫困问题属于对人类社会发展进程构成严重制约的世界性难题，久而久之成为对人类构成严重困扰的"顽瘴痼疾"。早在2000年，世界各国领导人便已针对脱贫问题提出了"联合国千年发展目标"。大道至简，实干为要。中国在贫困治理问题上交出了一份举世瞩目的答卷。由财政部、国务院发展研究中心和世界银行共同发布的《中国减贫四十年：驱动力量、借鉴意义和未来政策方向》指出：过去40年，中国的贫困人口共计减少了近8亿。从这一数字来看，中国对于同期全球减贫事业的贡献率高达七成有余，不仅为千年发展目标的实现作出了重大贡献，还提前十年实现了《联合国2030年可持续发展议程》减贫目标。在减贫脱贫的相应过程中，中国始终坚持以和平方式、运用和平手段谋求经济发展，以先进的理念和方法从根本上解决贫困问题，其中一方面是党中央一以贯之的相关扶贫战略和发展政策，另一方面是经济改革所推动的包容性发展。而在这一过程中形成的"精准扶贫"等相关工作经验也为老挝、柬埔寨等更多发展中国家摆脱欠发达状态带去深刻启示，被这些国家借鉴和效仿。在自身通过发展创造了人类减贫历史奇迹的基础上，中国又在第一时间成立了国际民间减贫合作网络，首批便吸纳了17个国家和地区的相关机构或组织加入其中，充分彰显了负责任大国的担当意识。

　　第三，积极对外提供力所能及的人道主义援助。中华民族自古以来便秉持"义以为上、重义轻利、贵义贱利"的义利观，形成了同舟共济、患难与共的优良传统。大道之行，天下为公。20世纪50年代，新中国在尚处于百废待兴的状态之下，就将国际主义和人道主义作为鲜亮的精神底色，积极对外提供及时有效的援助。一方面是在惯常状态下作出承诺并切实兑现。70余年里，中国先后向160多个发展中国家提供了数以千计的成套项目和物资援助项目，并开展了1万余个技术合作和人力资源开发合作项目，在相应过程中培训了各类人员40多万人次。除了提供发展资金和援建基础设施外，中国还广泛提供技术支持，使发展中国家的民生状况改善更具可持续性。例如，在数十个国家和地区推广杂交水稻技术，为当地提供了粮食保障。另一方面是在紧急状态下启动相应援助机制。在自然灾害、难民危机等突发事件面前，中国抓住应急响应的"黄金时间"，有效回应了各国需求，在雪中送炭、守望相助、共克时艰之中传递了真情。例如，面对来势汹汹的新冠肺炎疫情全球大流行，我们开展了自新中国成立以来规模最大、持续时间最长的对外援助活动。在呼吁加强全球抗疫合作、构建卫生健康共同体的基础之上，我们不仅同国际社会分享疫情信息和抗疫经验，还通过赠送医疗物资、派遣医疗专家组等形式有效回应了发展中国家的抗疫需求，帮助其扎紧筑牢了疫情防控的"篱笆"。中国至今仍然在积极向各国提供疫苗，促进弥合全球的"免疫鸿沟"。中国一系列提供对外援助的义举、壮举，不仅得到了国际社会的广泛关注和高度认可，也俨然成了中国参与全球发展事业过程中的一张张崭新、亮丽的名片。

三、做国际秩序的维护者

习近平总书记指出："世界只有一个体系，就是以联合国为核心的国际体系。只有一个秩序，就是以国际法为基础的国际秩序。只有一套规则，就是以联合国宪章宗旨和原则为基础的国际关系基本准则。"[1]国际秩序呈现出什么样的态势、最终去往什么方向，不仅直

---

[1]《习近平谈治国理政》（第四卷），外文出版社2022年版，第470页。

接关乎全球范围内和平发展的整体大局，也会对人类的前途命运构成直接影响。中国一直在遵守并致力于维护现行国际秩序中所包含的主权平等、民族自决、集体安全等原则，同时鲜明反对单边主义和强权政治等相悖于既有秩序的行为。中国通过做国际秩序的维护者，在极大程度上避免了世界回归到第二次世界大战之前赤裸裸的强权政治状态。

第一，对照《联合国宪章》的宗旨和原则，积极履行自身的国际义务。1945年，国际社会在庆祝世界反法西斯战争胜利的同时，经过深刻反思，共同创建了以联合国为核心的战后国际体系。中国作为第二次世界大战的战胜国，也是联合国的创始会员国，第一个在《联合国宪章》上签了字，并积极响应相关的国际关系准则。自此，中国便不断致力于维护以联合国为核心的国际体系，以及以国际法为基础的国际秩序，在过程中积极践行了自身的义务。特别是自1971年恢复联合国合法席位以来，作为安理会常任理事国，中国一直致力于维护世界各国尤其是发展中国家和弱小国家的合法正当权益。在广泛开展对外交往的过程中，中国走出了一条"结伴而不结盟、合作而不对抗"的国与国交往新路，强调将合作共赢作为构建对外关系的核心准则；在全球遭遇金融危机的侵袭之后，中国又连续数年致力于全球经济复苏，年均贡献率超过30%。经过70多年的发展，《联合国宪章》及其背后所蕴含的国际体系和国际关系秩序已经广泛辐射到安全、经济、环境、卫生等多个领域。中国也审时度势，从更全的方位、更宽的领域履行自身的义务。习近平总书记曾经针对《联合国宪章》在维护国际秩序过程中所发挥的作用指出："解决国际上的事情，不能从所谓'实力地位'出发，推行霸权、霸道、霸凌，应该以联合国宪章宗旨和原则为遵循，坚持共商共建共享。"①从"新门罗主义"到

---

① 《习近平谈治国理政》（第四卷），外文出版社2022年版，第434页。

第五章
中国式现代化是走和平发展道路的现代化

"颜色革命",从"五眼联盟"到"四边机制",面对国际社会中这些从未停止的公然违背《联合国宪章》要义,或是在世界各地肆意制造分裂、引发既有秩序崩塌的丑陋行径,中国始终坚持自己的立场和初心不动摇,为捍卫《联合国宪章》、维护既有的国际秩序作出了巨大贡献。

第二,将"负责任大国"作为自身面向世界的定位,全方位参与多边外交事务。做负责任大国,坚持多边主义外交,是新中国和平外交政策的具体体现。早在新中国成立之初的1954年,作为政务院总理兼外交部部长的周恩来率领中国代表团出席日内瓦会议,由此拉开了新中国多边外交的序幕。恢复联合国合法席位50多年来,中国更是在联合国舞台上面向世界积极阐发自身对于国际形势的重要看法,阐述针对热点问题的政策主张,发出了中国多边外交的响亮声音。特别是党的十八大以来,习近平总书记先后提出了一系列合乎时代潮流与历史大势的重要理念和主张。近几年来,国际社会面临着各种新形势,各个国家也面临着更多新挑战,以美国为首的部分西方资本主义国家打着所谓"规则"的旗号对其他国家颐指气使,在世界范围内横冲直撞、扰乱是非,实际上是在通过故意制造对抗和分裂,以单边主义的行径破坏国际秩序,企图将世界拉进"新冷战"的进程之中。2021年4月20日,习近平总书记在博鳌亚洲论坛2021年年会开幕式上提出"真正的多边主义"这一命题:"我们应该秉持共商共建共享原则,坚持真正的多边主义,推动全球治理体系朝着更加公正合理的方向发展。"①截至2022年9月,我国加入了几乎全部的普遍性政府间国际组织,并签署了600余项国际公约,对外缔结超过2.7万项双边

---

① 习近平:《同舟共济克时艰,命运与共创未来——在博鳌亚洲论坛2021年年会开幕式上的视频主旨演讲》,人民出版社2021年版,第3—4页。

条约。此外，我们对照《世界人权宣言》的要求，不断保障并加强人权事业发展，先后发布了《中国共产党尊重和保障人权的伟大实践》等重要白皮书，针对"人权政治化"等不轨图谋展现出鲜明的反对态度。这些便是我们对一系列新形势、新挑战的最好回应，指明了我们继续弘扬和发展多边主义的实践方向。

　　第三，作为发展中国家的一员，永远站在广大发展中国家一边。中国与其他广大发展中国家有着相似的历史经历，更有着共同的发展任务。自新中国成立之日起，我们便将与发展中国家结成友好关系作为重要的外交使命和外交基础。1955年召开的万隆会议上，周恩来总理提出了"求同存异"的外交方针，与广大争取民族独立和人民解放的发展中国家结下了深厚的友谊。毛泽东主席在得知第二十六届联合国大会通过了恢复中华人民共和国在联合国的一切合法权利的消息后，感慨"主要是第三世界兄弟把我们抬进去的"[①]。中国与广大发展中国家最终结下了"同呼吸、共命运、心连心的兄弟情谊"[②]。经过40多年的改革开放经济快速增长期，中国不仅成为发展中国家的"领头羊"，还成为具有显著世界影响力的大国。中国始终做发展中国家的可靠伙伴，永远站在广大发展中国家一边。我们在为发展中国家通过筚路蓝缕的艰辛探索收获了显著的发展成效、取得了较大程度的进步而感到由衷兴奋的同时，也针对发展中国家依然存在的发展问题、面临的发展困境提供纾困解难举措。"国际上的事应该由大家共同商量着办，世界前途命运应该由各国共同掌握，不能把一个或几个国家制定的规则强加于人，也不能由个别国家的单边主义给整个世界

---

① 中共中央文献研究室编：《毛泽东年谱（一九四九——一九七六）》（第六卷），中央文献出版社2013年版，第412页。

② 《习近平谈治国理政》（第一卷），外文出版社2018年版，第304页。

第五章
中国式现代化是走和平发展道路的现代化

'带节奏'。"①在发展中国家遭到部分发达国家不公平对待甚至欺压的情况下,我们积极为其发声,强调在国际多边进程中,必须针对各类国际事务,大力扩大和提升广大发展中国家的发言权和代表性,避免其成为"沉默的大多数"。这样的做法,捍卫了多边主义的前进方向和国际关系民主化的前进趋势,使现行的国际秩序更为牢固、更加可靠。

---

① 习近平:《同舟共济克时艰,命运与共创未来——在博鳌亚洲论坛2021年年会开幕式上的视频主旨演讲》,人民出版社2021年版,第4页。

第四节

推动中国式现代化道路越走越宽广

以中国式现代化推进中华民族伟大复兴，是一次创造人类文明新形态的坚定探索，更是一场需要千千万万中国人民勠力同心、守正航向的接续奋斗。作为几代仁人志士上下求索的结果，中国的这条和平发展道路是现代化进程中蕴含着实干兴邦要义的奋发求进之路，更是激励着国家与人民意气风发的继往开来之路。只有在这条和平发展道路上善作善成、久久为功，我们才能推动中国特色社会主义事业的航船劈波斩浪，推动中国式现代化道路越走越宽广，书写人类文明发展史上更加崭新的篇章！

一、坚定站在历史正确与人类文明进步的一边

习近平总书记指出："一个国家、一个民族要振兴，就必须在历史前进的逻辑中前进、在时代发展的潮流中发展。"[①]早在民国初年，作为中国民主革命先行者的孙中山先生在浙江海宁观看钱塘江奔流的大潮时，便发出了"世界潮流，浩浩荡荡，顺之则昌，逆之则亡"的

[①]《习近平谈治国理政》（第四卷），外文出版社2022年版，第237页。

第五章
中国式现代化是走和平发展道路的现代化

感慨，告诫世人必须把握和顺应世界发展大势，尊重历史发展的规律，否则必将迷失方向、落后于时代，最终被历史吞没。作为孙中山先生革命事业最忠实继承者的中国共产党人当然明白这个道理。针对"正确的历史潮流是什么"这一问题，习近平总书记具体阐发道："现在国际上保护主义思潮上升，但我们要站在历史正确的一边，坚持多边主义和国际关系民主化，以开放、合作、共赢胸怀谋划发展，坚定不移推动经济全球化朝着开放、包容、普惠、平衡、共赢的方向发展，推动建设开放型世界经济。"[1]简而言之，就是坚定参与全球化，造福全人类，不开历史的倒车。

中国共产党在带领中国人民进行现代化探索与实践的过程中，一直将站在历史正确与人类文明进步的一边作为行动要旨，积极拥抱世界，防范西方国家炒作的冷战思维带来意识形态对立和单边主义、保护主义动向。新中国刚刚成立时，中国共产党第一代领导集体在确立独立自主的和平外交政策的同时，还强调了现代化格局需要遵循"四面八方"政策，其中就包括"内外交流"，毛泽东同志指出，"认真学习外国的好经验，也一定研究外国的坏经验——引以为戒，这就是我们的路线"[2]。党的十一届三中全会后，邓小平同志对新中国几十年社会主义建设的正反经验进行了总结，并且正确地分析了国际政治和经济形势，先后提出了"现在的世界是开放的世界""和平和发展是当代世界的两大问题"等重要论断，其中后者于1987年被写入党的十三大报告之中。"开放是对世界所有国家开放，对各种类型的国

---

[1]《习近平谈治国理政》（第四卷），外文出版社2022年版，第184—185页。

[2]《毛泽东文集》（第七卷），人民出版社1999年版，第380页。

家开放。"①与此同时,中国对外开放、拥抱世界的步伐也在不断加速,从1980年8月国家批准设立四个经济特区开始,全方位、多层次、宽领域的对外开放格局逐渐形成并一直延续。特别是党的十八大以来,我国加快实施新一轮高水平对外开放,在单边主义、保护主义抬头,冷战时期的对抗思维仍有遗留并且依然在作祟的情况下,中国在捍卫经济全球化、推动世界进一步朝着普惠共赢方向发展等方面展现出了强大的决心,得到了国际社会的一致好评。可以说,纵观中国特色社会主义道路推进的全部过程,我们始终对照时代潮流审视自身、启示自身。当代中国在紧密联系世界的过程中始终致力于求和平、谋发展、促合作的光辉事业,无疑是站在历史正确与人类文明进步一边的现实表现。

从现实举措层面来说,当前阶段要想更好地站在历史正确与人类文明进步的一边,必须坚持全球化方向并抵御逆全球化趋势带来的种种风险。中国始终认为,推进经济全球化的过程不应当成为小部分国家的独奏,而应当由世界各国联动协奏,在不同国家间实现优势互补,扩大利益交汇点,共享发展成果。中国倡导通过集思广益构建更加坦诚、更为深入、更具实效的对话平台和机制,进而增添双边战略互信,减少和避免相互间的猜疑,反对因此挑起争端或激化矛盾。中国主动做出了"将自身发展机遇同世界各国分享,欢迎各国搭乘中国发展的'顺风车'"②的承诺,矢志推动全球化沿着增进人类福祉的轨道稳步发展、不断向前。近几年,经济全球化的逆流日趋明显,特别是新冠肺炎疫情的全球大流行造成了全球产业链供应链的局部断裂,国际经济循环格局的调整活动更为激烈,越来越多的国家只得先

---

① 《邓小平文选》(第三卷),人民出版社1993年版,第237页。
② 《习近平谈治国理政》(第二卷),外文出版社2017年版,第546页。

第五章
中国式现代化是走和平发展道路的现代化

顾及自身，逆全球化趋势进一步加剧。中国同样受到了显著影响，经济循环面临严峻威胁。以习近平同志为核心的党中央果断决策，在2020年4月率先提出建立新发展格局的构想，并在党的十九届五中全会上作出了全面部署。"这是把握未来发展主动权的战略性布局和先手棋，是新发展阶段要着力推动完成的重大历史任务，也是贯彻新发展理念的重大举措。"[1]所以，面对逆流，"合作还是对抗？开放还是封闭？互利共赢还是零和博弈？"[2]中国已经通过自己的实际行动给出了掷地有声的回答。

当我们选择站在历史正确与人类文明进步的一边，那么历史和全人类也必将会选择我们，给予我们更多的信任，为我们带来更多的发展机会。当前，中华民族伟大复兴战略全局与世界百年未有之大变局处于历史性交汇之中，中国对于整个世界的影响，比以往任何时候都要更为全面和长远；全世界对于中国的关注，也达到了前所未有的广泛与深切程度。可以说，当今的中国，俨然已经成为世界的中国，在与世界愈发深入的良性互动中，中国不断取得夺目的发展成就。中国的"朋友圈"范围不断扩大，全球伙伴关系网络编织得更密，党际外交蓬勃发展；中国对外开放的大门越开越大，使用外资的金额显著增加，贸易伙伴数量不断扩大，进出口总额逐年增长。当今的中国，更为自信、自强，更加开放、包容，正在世界舞台中央展现昂扬向上的精神风貌，为世界注入更多的稳定性和正能量，为世界各国提供更多的新机遇！

---

[1]《习近平谈治国理政》（第四卷），外文出版社2022年版，第175页。
[2]《习近平谈治国理政》（第三卷），外文出版社2020年版，第455页。

二、弘扬全人类共同价值

中国共产党不仅是为中国人民谋幸福的政党,也是为全人类进步事业而奋斗的政党。习近平总书记在2015年9月28日举办的第70届联合国大会一般性辩论中指出:"和平、发展、公平、正义、民主、自由,是全人类的共同价值,也是联合国的崇高目标。"[1]弘扬全人类共同价值,由此成为中国共产党人在和平与发展的时代主题之下,聚焦当今世界复杂而深刻的变革局势阐发的重要命题。党的十九届六中全会通过的《中共中央关于党的百年奋斗重大成就和历史经验的决议》第一次将这一概念写入党的全会文件,进一步体现了中国共产党人对于人类进步事业的深切关注和积极探索。

"没有哪个国家能够独自应对人类面临的各种挑战,也没有哪个国家能够退回到自我封闭的孤岛。"[2]在经济全球化、政治多极化和文化多元化的大潮之中,寻求具有终极意义、得到最大多数政治行为体认同的共同价值,是矢志走和平发展道路、为人类的进步事业作出显著贡献的大党大国应有的责任与担当。特别是在世界进入动荡变革期、全球性挑战频频出现的背景下,生活在同一个"地球村"的各国人民比以往任何时候都更加期待一种强劲的引领力量能够出现,从而凝聚起合力、激发出动力。"任何真正的哲学都是自己时代的精神上的精华"[3],全人类共同价值作为一种思想智慧,不仅能将人类社会各种不同种类文明的价值要义有效凝聚起来,进而体现出世界各国人

---

[1]《习近平谈治国理政》(第二卷),外文出版社2017年版,第522页。
[2]《习近平谈治国理政》(第三卷),外文出版社2020年版,第46页。
[3]《马克思恩格斯全集》(第一卷),人民出版社1995年版,第220页。

第五章
中国式现代化是走和平发展道路的现代化

民所普遍认同的价值观念的最大公约数，还能够有效超越发展水平层面的差异，跨越意识形态层面的偏见，进而与时代潮流和现实需要相契合，最终真正代表人类在发展理念层面的共识。只有将这种共识作为基本前提，人们才能真正具备联结成为共同体的意愿和诉求，进而在处理各种严峻的国际问题的过程中审慎考虑，最终共同做出具有进步意义的选择、共同开展具有积极意义的行动。

作为中国共产党人用马克思主义观察世界大势、把握时代潮流、引领前进方向的伟大思想创造，全人类共同价值的每个关键词都有其自身的侧重点，分别传递出深刻的内在意涵，最终形成了完整的逻辑系统。这些意涵贯通了个人、国家和国际三个领域，既是个体的价值追求，也是国与国之间甚至整个国际范围内处理关系、开展友好交往的价值遵循。

和平与发展，是当今时代的主题，也为当代中国走和平发展道路提供了最为直接的价值遵循。和平是全人类的永恒期望，发展是每个国家的第一要务，这两点也是最基本的、底线式的价值要素，对其他要素构成了支撑作用。和平与发展为各国传递出不称霸、不搞扩张的基本准则呼吁，并构成了中国矢志推进各国共同繁荣的有力阐释。

公平与正义，是国际关系范畴内的重要价值准则，也是每一个人实现全面发展、每一个国家实现全面进步的重要保证。由此提出的现实要求就包括国家间不论大小一律平等、经济全球化朝着更为普惠和平衡的方向发展等，真正做到"无偏无党，王道荡荡"，反对"合则用、不合则弃"的双重标准。

民主与自由，是现代政治文明中的重要组成部分，也直接关系到每一个人的切身福祉。一方面，从国家层面来说，各国应当确保本国人民所享有的民主权利更具广泛性和真实性，并捍卫人的自由和尊严；另一方面，从国际层面来说，各国应当致力于推进国际关系民主化，致力于维护人员交流与经贸往来等各个层面的自由。

全人类共同价值贯通古今，既得到了中华优秀传统文化的深厚滋养，也是在全球化时代契合世界人民大团结趋势的必然产物。就前者来说，"协和万邦""天下为公"等中华文化基因流露于这六个基本要素之中，讲仁爱、重民本、守诚信、崇正义、尚和合、求大同的精神特质由此延伸至世界维度。就后者来说，全球化的大时代培养出了大格局和大胸怀，全人类共同价值所展现出的海纳百川的磅礴气势，在人类思想史上构成了对各国人民现实诉求和普遍期待的切实回应，最终必然绘就不同文明与价值和谐共处的"最大同心圆"。

全人类共同价值主要强调的是人类所应当恪守的价值追求，而不是旨在提供统一的价值实践方案。正如现代国际关系是伴随民族国家的产生而兴起因而带有鲜明的西方印记一样，西方国家倡导的所谓公正、平等、民族、法治等价值理念对应的各种制度层面的现实举措，依然只能适用于西方世界的语境。但是以美国为首的部分西方国家一直依仗着自身相对强大的综合国力，一意孤行地打着"普世价值"的幌子，向其他国家兜售本国的社会制度与价值观念，进而要求其他国家接受并效仿。结果便是"普世价值"给世界各地带来了无穷无尽的灾难，其自身存在的根本性弊端也暴露无遗。出现这样的恶果，原因在于"普世价值"以西方中心主义为前提预设，与西方特定的自由民主制度样式挂钩，而这样的制度以私有制为基础，背后作支撑的并不是合乎全人类利益的道义，而是具有浓厚霸权主义和强权政治色彩的现实行径。全人类共同价值一反西方"普世价值"论调的兜售性、强制性特征，审慎把握了理论和实践的关系，在面向全世界发出呼吁的同时，避免了"捆绑销售"实践方案，充分尊重了各国的不同国情，这本身就是将和平、发展、公平、正义、民主、自由落到实处的深刻表现和鲜活例证。

三、在维护世界和平与发展中谋求自身发展

世界好,中国才能好;中国好,世界才更好。没有和平,中国和世界都不可能顺利发展;没有发展,中国和世界也不可能实现持久和平。我们不应当将走和平发展道路仅仅看成中国作为国际社会重要成员用实际行动维护公平正义国际秩序的具体表现,还应当认识到其作为中国实现崛起的方式和策略所具有的惠及中国的一面。在我们承诺不以牺牲别国利益为代价来发展自身的同时,也绝不能放弃自己的正当利益和发展机会。倘若中国不能通过自身的发展顺利实现和平崛起,那么也必将缺乏为世界提供现代化新方案、新样式的机会,同时也必将缺乏更好地维护世界和平与发展的权利和实力。所以在强调这条道路的世界意义的同时,必须充分考虑更好地统筹国际与国内的辩证逻辑,统筹外交与内政的有机关系,更好地聚焦中国自身内部的发展,探寻切实有效的实践方法和路径。

第一,要始终恪守底线,决不牺牲理应获得的正当权益。习近平总书记强调,"中国决不会以牺牲别国利益为代价来发展自己,也决不放弃自己的正当权益"①,传递出走和平发展道路必须始终坚持底线思维、恪守底线的内在意涵。所谓和平,并不代表着盲目地讲求屈从或是一味地选择退让,也绝对不能为了追求表面的和平而不讲原则地迎合别国的不合理要求,并因此牺牲自己在发展过程中理应获得的正当权益,也就是说,不能因此轻易放弃谋求自身发展和收获的机会。这些具有底线意义的正当权益,主要包括主权、安全、发展利益和民族尊严等方面。只有在这些方面具备了相应的保障,我们才能够

---

① 《习近平谈治国理政》(第三卷),外文出版社2020年版,第187页。

获得走和平发展道路的稳定国际环境，进而在相互尊重、平等协商的基础上带动更多国家信仰和平、盼望和平、守护和平，更好地倡导"真正的多边主义"，最终形成公正合理的国际秩序和民主化的国际关系，反过来进一步为本国和其他国家的发展提供更加和平稳定的国际环境。

第二，要坚持人民立场，首先要做到让发展惠及本国人民。为人类文明进步、实现全人类的现代化作出贡献，应当先从本国起步，实现发展惠及本国人民。只有在推动国民收入和分配合理化、不断强化社会公平正义秩序的基础上，让本国人民切切实实享受到走和平发展道路带来的红利，我们才能有效避免国内社会出现发展不平衡的问题，进而维护国内社会稳定，有序推进民主法治建设，进一步巩固和平发展的根基。倘若不注意先做到让发展惠及本国人民，便容易引发严重的社会矛盾，并危及国内社会的稳定，这无疑会对和平发展构成严重威胁，具体表现为有损中国走和平发展道路的国际形象、降低中国在整个国际社会中引领和平发展的号召力。为此，我们需要通过扩大发展覆盖面，先让本国人民充分体会到发展愿景的实现程度，在和平发展进程中具备更为充足的获得感和更为显著的满意度。总而言之，让发展惠及本国人民，就是要集中精力办好自己的事情，促使国家更加富强、人民更加富裕，从而具备维持和平发展道路进一步延展下去的内生力量。

第三，要抓住机遇，在和平发展、合作共赢的旗帜之下推进高水平对外开放。对外开放是推动中国经济社会发展的重要引擎，在过去几十年的实践中，我们形成了以开放促改革、以开放促发展的实践机理。"中国开放的大门不会关闭，只会越开越大。"[①]这是我们向世界

[①]《习近平谈治国理政》（第三卷），外文出版社2020年版，第202页。

第五章
中国式现代化是走和平发展道路的现代化

作出的郑重承诺，表明我们有信心在不断加快"走出去"和"引进来"步伐的过程中积极参与经济全球化进程，进而更好地融入国际社会。在这一过程中，我们需要更好地着眼于国家间利益的交汇点，通过进一步提升自身的话语权和影响力，构建更好的国际关系，进而有机会接触到世界各国在新一轮科技革命中孕育的尖端技术、前沿产品和先进成果，汲取各国发展过程中积累的成功经验，使之能够为我所用，实现国际有利因素与国内的发展进程紧密结合，从而解决我国在现代化建设进程中遇到的一系列技术难题，切实取得自身的显著发展成效。

第四，要更好地理解和平发展与可持续发展之间的内在统一关系。从理论层面来说，和平发展道路所蕴含的"万物并育而不相害，道并行而不相悖"这一内在机理，最早就是针对协调自然界万物的关系提出的，恰恰和以促进人与自然和谐共生为核心意涵的可持续发展理念相互契合。只有在"不相害""不相悖"的状态下，自身的发展才更加具有安全性。从实践层面来说，走和平发展道路必然要走可持续发展道路，这是因为可持续发展意味着放弃对以高投入、高消耗、高污染为特征的粗放式经济增长模式的迷信，转而寻找更加环保、更有效率、更为洁净的发展方式。这样一来，中国便不会像西方国家一样在发展过程中通过侵略别国的方式占据大量资源，由此便契合了和平发展的内在要求。从长远来看，中国作出这样的抉择也是为了谋求自身的更好发展，并且让子孙后代享受到发展的福祉。譬如，中国在参与南南合作进程时，特别强调加强生态保护和有效应对气候变化，着眼于全球安全和人类福祉，也是在为自身争取可持续发展的条件和环境，最终取得了在维护世界和平与发展中谋求自身发展的突出成效。

📖 延伸阅读

促成沙特、伊朗复交，展现中国大国担当*

在中方支持下，断交 7 年之久的沙特阿拉伯和伊朗于 2023 年 3 月 6 日至 10 日在北京举行对话。10 日，沙、伊两国达成北京协议，中、沙、伊三方签署并发表联合声明，宣布沙、伊双方同意恢复外交关系，开展各领域合作。

促成沙、伊两国握手言和、同意复交，充分彰显了中国作为中东安全稳定的促进者、发展繁荣的合作者、团结自强的推动者角色。中国始终坚持和平发展的理念，在自身和平崛起的同时不断为世界范围内的和平发展事业作出自身的贡献，突出展现了大国担当。中国在中东地区没有任何私利，尊重中东国家主人翁地位，反对在中东搞地缘政治竞争，无意也不会去填补所谓"真空"或搞排他小圈子。中国始终认为中东的未来应当掌握在中东国家手中，始终支持中东人民独立自主探索发展道路，支持中东国家通过对话协商化解分歧，共同促进地区长治久安。

此次沙、伊两国在北京的对话取得重大成果，既是双方利益的共同需要，也离不开中国作为和平发展事业倡导者的积极推动。中国与中东国家广泛保持着友好关系，在处理中东热点问题和敏感议题上，有着独特优势。劝和促谈是中国在国际热点问题上秉持的一贯立场。与某些西方国家相比，中国与中东各国保持友好关系，不选边站队，不拉偏架，因此做调停方、斡旋方才有公信力。中国提

---

*参见《"难度系数九颗星"！沙特伊朗冰释前嫌，中国展现大国担当》，中国新闻网，2023 年 3 月 12 日。编者对内容有所修改。

第五章
中国式现代化是走和平发展道路的现代化

出并推动全球安全倡议落地见效,坚持共同、综合、合作、可持续的安全观,倡导走出一条对话而不对抗、结伴而不结盟、共赢而非零和的新型安全之路。在中东问题上,中国欢迎并支持包括沙特、伊朗在内地区国家开展安全对话,自主搭建符合地区实际、兼顾各方利益的中东安全架构。

中东是世界上安全形势最复杂的地区之一,推动沙、伊两国握手言和,充分证明了中国始终坚信:无论问题多复杂,挑战多尖锐,只要带有和平发展的决心、本着相互尊重的精神进行平等对话,妥善化解矛盾分歧,最终一定能够找到彼此都能接受的解决办法。面向未来,中国也将继续根据各国愿望,为妥善处理当今世界的热点问题发挥建设性作用,进一步彰显和平发展道路的魅力,进一步展现大国担当,进一步弘扬独立自主精神,进一步加强与各国的团结协作,携手共建更加和平、稳定、繁荣的世界。

主要参考文献

[1]《马克思恩格斯选集》第一至第四卷,人民出版社2012年版。

[2]《马克思恩格斯文集》第一至第五卷、第九卷,人民出版社2009年版。

[3]《马克思恩格斯全集》第一卷,人民出版社1995年版。

[4]《马克思恩格斯全集》第四卷,人民出版社1958年版。

[5]《毛泽东选集》第一至第四卷,人民出版社1991年版。

[6]《邓小平文选》第二卷,人民出版社1994年版。

[7]《邓小平文选》第三卷,人民出版社1993年版。

[8]《李大钊全集》第二至第三卷,人民出版社2013年版。

[9]《习近平谈治国理政》第一卷,外文出版社2018年版。

[10]《习近平谈治国理政》第二卷,外文出版社2017年版。

[11]《习近平谈治国理政》第三卷,外文出版社2020年版。

[12]《习近平谈治国理政》第四卷,外文出版社2022年版。

[13] 习近平:《高举中国特色社会主义伟大旗帜 为全面建设社会主义现代化国家而团结奋斗——在中国共产党第二十次全国代表大会上的报告》,人民出版社2022年版。

[14] 习近平:《在哲学社会科学工作座谈会上的讲话》,人民出版社2016年版。

[15] 习近平:《在文艺工作座谈会上的讲话》,人民出版社2015年版。

［16］习近平：《论坚持人与自然和谐共生》，中央文献出版社2022年版。

［17］习近平：《论把握新发展阶段、贯彻新发展理念、构建新发展格局》，中央文献出版社2021年版。

［18］习近平：《在纪念马克思诞辰200周年大会上的讲话》，人民出版社2018年版。

［19］习近平：《论坚持推动构建人类命运共同体》，中央文献出版社2018年版。

［20］习近平：《习近平谈"一带一路"》，中央文献出版社2018年版。

［21］习近平：《习近平在联合国成立75周年系列高级别会议上的讲话》，人民出版社2020年版。

［22］中共中央宣传部、国家发展和改革委员会编：《习近平经济思想学习纲要》，人民出版社、学习出版社2022年版。

［23］中共中央宣传部、中华人民共和国生态环境部编：《习近平生态文明思想学习纲要》，学习出版社、人民出版社2022年版。

［24］中共中央宣传部、中华人民共和国外交部编：《习近平外交思想学习纲要》，人民出版社、学习出版社2021年版。

［25］中共中央党史和文献研究院编：《习近平关于总体国家安全观论述摘编》，中央文献出版社2018年版。

［26］中共中央党史和文献研究院编：《习近平关于社会主义精神文明建设论述摘编》，中央文献出版社2022年版。

［27］中共中央文献研究室编：《习近平关于社会主义生态文明建设论述摘编》，中央文献出版社2017年版。

［28］中共中央党史和文献研究院编：《习近平关于中国特色大国外交论述摘编》，中央文献出版社2020年版。

［29］中华人民共和国国务院新闻办公室：《新时代的中国国际发展合作》，人民出版社2021年版。

［30］中华人民共和国国务院新闻办公室：《新时代的中国与世界》，人民出版社2019年版。

［31］中华人民共和国国务院新闻办公室：《中国的和平发展》，人民出版社2011年版。

［32］全国干部培训教材编审指导委员会组织编写：《全面推进中国特色大国外交》，党建读物出版社、人民出版社2019年版。

后 记

选择什么样的现代化道路,从来就没有一成不变的标准答案。唯一恒定的规律在于,任何国家都应当以时空条件为转移,切实选择合乎本国国情和人民需要的道路。中国式现代化的中国特色,正是中国共产党团结带领中国人民通过百年艰辛探索为自己写就的答案。走在新时代新征程的康庄大道上,唯有读懂中国特色,才能更好地读懂中国式现代化,读懂"以中国式现代化全面推进中华民族伟大复兴"的战略命题。

可以说,中国式现代化的中国特色,是对中国式现代化建设方向的进一步明确,也是对中国共产党宗旨和使命的深刻反映,更是对社会主义本质要求的生动呈现。通过把握中国特色,我们得以在社会主义现代化建设的各个领域、方面和环节确定更为具体的实践要求,从而将"以中国式现代化全面推进中华民族伟大复兴"这一使命任务落到实处,不断在新征程上创造新的历史伟业。而中国特色所传递出的,不乏坚持自信自立的立场观点方法,不乏一种独立自主的精神。我们坚信只有我们自己才能对发展什么样的现代化形成最为准确的认识,尤其是对于其特征要求形成最为细致的把握,这便是反对照搬照抄,反对教条主义,从中国基本国情出发,由中国人自己解答中国问题,如此最终定会牢牢掌握发展的主动权。

推进中国式现代化是一场长期而艰巨的社会革命,对于中国特色的理解也应当与时俱进、持续全面而深入,这需要每一位理论工作者绵绵用力、久久为功，及时对照理论和实践前沿开展研究。受制于时间和视野，研究过程中的缺憾在所难免，不足之处有待后续弥补。本书的撰写工作得以顺利完成，要感谢浙江人民出版社的精心组织，感谢颜晓峰老师的悉心指导。在具体写作过程中，得到了学生们的帮助和支持，黄昊峰、邵晋涵、丁一献、方素清与陈海若、郭小凡分别参与了本书各章的创作，他们作出了重要贡献，特向他们致以谢意。

是为记。

李 冉
2023年10月